本书稿是在教育部人文社科基金项目"网络参与视野下高校大学生思想政治教育获得感研究"（项目编号：19JDSZ3005）结题报告基础上修改撰写而成

本书获得了上海工程技术大学2023年度学术著作出版资助

场域建构与情感体验：高校网络思想政治教育主体获得感的生成逻辑

程玉莲　著

上海交通大学出版社
SHANGHAI JIAO TONG UNIVERSITY PRESS

内容提要

　　高校网络思想政治教育是思想政治教育的全新场域，在新的教育场景下高校思想政治教育面临全新挑战。本书从场域建构与情感体验两个维度，探索了高校网络思想政治教育新模式和主体获得感的生成逻辑，提出了增强高校网络思想政治教育主体获得感的实践路径。

　　本书适合高校思想政治教育的研究人员以及从业人员参考阅读。

图书在版编目（ＣＩＰ）数据

　　场域建构与情感体验：高校网络思想政治教育主体
获得感的生成逻辑／程玉莲著. — 上海：上海交通大
学出版社，2023.12
　　　ISBN 978－7－313－30020－1

　　Ⅰ.①场…　Ⅱ.①程…　Ⅲ.①高等学校－网络教育－
思想政治教育－研究－中国　Ⅳ.①G641

　　中国国家版本馆 CIP 数据核字(2023) 第 252944 号

场域建构与情感体验：高校网络思想政治教育主体获得感的生成逻辑
CHANGYU JIANGOU YU QINGGAN TIYAN：GAOXIAO WANGLUO SIXIANG ZHENGZHI JIAOYU
ZHUTI HUODEGANG DE SHENGCHENG LUOJI

著　　者：程玉莲			
出版发行：上海交通大学出版社		地　　址：上海市番禺路 951 号
邮政编码：200030		电　　话：021－64071208
印　　刷：苏州市古得堡数码印刷有限公司		经　　销：全国新华书店
开　　本：710mm×1000mm　1/16		印　　张：10.5
字　　数：191 千字		
版　　次：2023 年 12 月第 1 版		印　　次：2023 年 12 月第 1 次印刷
书　　号：ISBN 978－7－313－30020－1		
定　　价：69.00 元		

前　言

网络思想政治教育获得感是高校思想政治教育有效性评价的重要标准和依据。"立德树人"是高校思想政治教育的根本任务,高校网络思想政治教育获得感应对聚焦"立德树人",关注思想政治教育有效性的主体内在体验,增强获得感是高校网络思想政治教育目标的应有之义。

网络作为当代高校大学生的重要生活方式,是思想政治教育的重要载体平台。高校网络思想政治教育获得感,既是传统思想政治教育有效性问题的拓展,同时也是高校思想政治教育有效性提升的重要课题。高校网络思想政治教育不是线下教育的线上复制,在诸多方面具有线下所不具有的功能,党的二十大报告中对于技术的驾驭和运用作了论述,对数字中国、教育强国、网络强国作出新的战略部署,强调要立德树人,聚力铸魂育人,大力培育时代新人,就必须"更新教育理念,变革教育模式"。

教育过程中的主体通过网络参与,能够设计虚拟场景,能够增强实际互动,能够实现主体真实感受测度。所以,高校网络思想政治教育既是网络时代之需,同时也是高校思想政治教育创新发展之路。

本书聚焦高校网络思想政治教育主体获得感的生成逻辑,揭示高校网络思想政治教育主体获得感的制约瓶颈,从场域建构和情感体验两个维度,探究增强高校网络思想政治教育主体获得感的有效实践路径,进而为高校思想政治教育创新实施,提高网络思想政治教育的有效性提供独特研究视角。

本书共分为7部分。第1章,网络时代的高校思想政治教育,重点介绍了研究背景,阐释本书的核心概念;第2章,场域建构:网络思想政治教育场景,探究了网络思想政治教育的场域建构问题,以及场景设计对于网络思想政治教育获得感意义；第3章，情感体验：网络思想政治教育获得感的必然环节，探讨了情感体验对于网络思想政治教育获得感的意义；第4章，高校网络思想政治教育主体获得感的实证调研，分析了当前高校网络思想政治教育主体获得感现实状态；第5章，高校网络思想政治教育主体获得感生成的理论逻辑，探究了增强主体获得感的内在规律；第6章，高校网络思想政治教育主体获得感增强的实践逻辑，探讨了增强主体获得感实践规律；第7章，高校网络思想政治教育主体获得感增强的有效路径，探讨了增强主体获得感实践路径。

本书的研究价值是，作为新时代形成的新生事物，高校网络思想政治教育主体获得感研究，有助于我们深入把握新时代高校思想政治教育新动态和新趋势，对于高校思想政治教育的供给者（教育主体）和需求者（受教育主体）互动关系的内在规律的把握，以及新的思想政治教育方法的实践创新，增强高校思想政治教育的感染力和有效性具有重要价值。

如今高校思想政治教育主体获得感研究正在不断深入，但是研究主要是围绕线下思想政治教育主体获得感展开。然而，随着网络日益成为高校大学生的重要生活方式，网络思想政治教育主体获得感的关注也将获得学界的重视，高校思想政治教育如何实现线上和线下同步？网络参与主体如何线上和线下同步生成获得感？探究其实现机制和内在逻辑将是学界进一步深入解决的问题。

本书研究的特点是："立德树人"是高校网络思想政治教育的价值目标，主体价值内化、情感共鸣和内心获得感是实现思想政治教育价值目标的途径，更是检验高校思想政治教育工作是否有效的重要标准和尺度。与传统的思想政治教育研究相比，从场域建构与情感体验视角研究主体获得感，立足于教育对象主观感受，更加贴近教育者和受教育者的主体内在需求，营造高校网络思想政治教育的场域氛围和情感体验有效路径，为增强网络思想政治教育主体获得感提供应用场景和实践模式。

目　录

第 1 章

网络时代的高校思想政治教育

1.1 研究背景

伴随着新媒介在高校生活各方面的逐步深入渗透,在网络已经成为高校大学生重要生活方式的背景下,网络参与成为高校大学生思想建构的一种新形式和新形态。网络空间的高校大学生思想政治教育效果如何? 网络思想政治教育中教师和学生的主体实现程度如何? 教师和学生的实际交互程度如何? 其供给和需求的贴切度如何? 对高校大学生的心理影响机制如何? 这些问题的解决对于提升网络思想政治教育的针对性、有效性有着重要意义。与此同时,青年高校大学生网络参与这一普遍行为,对于他们的价值观到底产生了怎样的影响? 其过程和结果如何? 内在机制是怎样的? 这些问题也有待进行系统性研究。据相关统计,截至 2023 年 6 月,我国网民规模达 10.79 亿人,其中手机网民规模 10.76 亿,20～29 岁、30～39 岁的青年群体网民分别占比 14.5%、20.3%[①]。广大高校大学生通过网络进行信息获取、人际交往、休闲娱乐、就业创业,他们逐渐成为网络中最重要的信息生产者、服务消费者和技术推动者。网络的发展拓展了青年获取信息的途径和渠道,重塑也改变着新时代青年高校大学生的思维模式、生活方式、成长方式以及价值观念,同时也正在悄无声息地改变着青年的世界观、人生观和价值观。尤其近年来,新媒体平台内容的演变及传播方式更加多样化,也更加具有针对性和精细化,衍生出微博、微信、知乎、B 站等高校大学生非常热衷和参与度高的新媒体平台,为青年提供了自主参与、自我实现的渠道和途径,以及拓展自我、形成主体意识的重要方式。

"获得感"是一个新名词,它伴随着时代的发展而出现。2015 年 2 月,习近平总书记在中央的全面深化改革领导小组第十次会议上曾经强调:"让人民群众有

---

① 中国互联网络信息中心.第 52 次《中国互联网络发展状况统计报告》[OL].https://www.cnnic.net.cn/n4/2023/0828/c88-10829.html.

更多的获得感"①，"获得感"这一重要概念因此正式地应用于哲学、政治、经济、社会、文化多个理论表述中。教育部在《2017年高校思想政治理论课教学质量年专项工作总体方案》中就指出，要"切实增强高校大学生对思政课的获得感"，因此，"思想政治理论课获得感"逐步成为思想政治教育研究域内的热点与焦点。思想政治教育获得感研究，是思想政治教育的实施效果评价的一种重要和独特的视角，也是完善思想政治教育的起点和落脚点，一直深受学者关注，同时也是实践中高度关注的话题，围绕思想政治教育效果的研究维度也是非常多元的，目前看主要集中于如下几个方面：从研究内容看，有经典理论创新研究、质量评价研究、内容创新研究、形式创新研究、新背景下的创新研究等；从研究趋势看，有从网络思政、大数据工具以及元宇宙等技术支持和内容创新角度；与此同时，从思想政治教育内化的逻辑演进过程，认知、情感、思想、价值的视角探索日益增加，尤其从情感认同、共鸣领域的研究逐渐引起学界关注，获得感的研究即为其中重要内容。

获得感是教育主体性形成的一种表现形式，是教育者和教育对象经过教育过程，各自心理形成的积极心理体验，同时也包括两者在交互过程中形成的正向影响力。当下比较而言，人们更关注教育对象的获得感，确实它是教育效果的有效呈现，是教育实效性的重要衡量指标。但是对教育者的主体获得感相对忽视，人们遗漏了教育者的获得感对教育对象获得感形成的重要影响以及相互回馈。这种忽视其实也是教育过程中对双主体，即教育者和教育对象主体性的忽视，而教育者的获得感是思想政治教育有效实施的前提和基础。

场域建构和情感体验，是主体性获得感实现的重要载体和媒介，但是两者在传统思想政治教育过程中同样受到忽视。人们更多关注的是思想政治教育中教育者和教育对象等传统教育要素，而忽视了场域的重要影响以及思想政治教育效果达成过程中的情感因素。场域建构是主体性彰显的要素，是情感生发、渲染以及价值塑造的重要渠道。情感体验是思想塑造和价值内化的必经阶段，也是思想政治教育效果固化的重要环节。无论是场域建构还是情感体验，都是新的时代背景下尤其是网络时代思想政治教育无法回避且要愈加重视的环节。场域建构和情感体验、主体性形成、获得感生成之间有着复杂和深刻的内在关联机制，有着诸多亟待探讨的问题和空间。

本书围绕思想政治教育效果提升的目标，立足于获得感的主题，探究高校大学生思想政治教育和获得感之间的内在联系，以提升思想政治教育的实际效果，逐渐完善和丰富思想政治教育的评价等内容。

---

① 习近平主持召开中央全面深化改革领导小组第十次会议强调：科学统筹突出重点对准焦距　让人民对改革有更多获得感[N].人民日报，2015-02-28(1).

针对当下思想政治教育"立德树人"的根本目标，本研究首先梳理思想政治教育过程中的突出问题和显性趋势要求，以成为后文研究阐发的基础，主要内容如下。

1.1.1　思想政治教育效果评价的工具导向

思想政治教育是塑造人的观念，促进形成世界观、人生观、价值观的学科，以培养全面发展的人为终极目标，习近平在不同场合强调了教育"立德树人"这一根本目标。思想政治教育与其他学科重要的一个区别是不仅在于知识的获得，同时更加强调价值观的塑造与渗透。简单而言，思想政治教育不单单是"知"的问题，"知"与"不知"固然是思想政治教育发展过程中的矛盾之一，但是更重要的是解决"信"与"不信"以及"知"与"行"之间的矛盾。思政教育包含了知识方面的传授、评价等，但是更多强调的是其价值的达成和评价。传统思想政治教育更加注重的是灌输和量化以及知识的评价内容和方式，但是其对情感的触动、价值的塑造等内在隐性的影响观照不够。当下思想政治教育面临的背景是，网络时代以及媒介技术带来更多机遇以及挑战，内容、形式等都带来前所未有的转变，在带来积极效果的同时，面对着智能空间人云亦云，随波逐流，价值观的无意识娱乐化和行为模式的非理性化不断呈现，工具理性占据主导，主要表现为两个方面：一是工具理性与价值理性相比占据上风。韦伯曾经在《经济与社会》中将理性区分为工具理性和价值理性，无论是西方的工业革命，还是近现代以来中国发展的成就表现，人们对工具理性主导性的观念认知日益强化，由"技术垄断"带来"娱乐至死"和"童年的消逝"等问题，既需要我们对教育提出反思，同时也为分析思想政治教育的人文关怀提供了启迪。在既往占据主导的教育形式中，更加注重思想政治教育的实用功能，它主要针对教育外部考察目的，为满足教育外部有形考核目标而形成，体现了其工具性和外在性。而价值功能主要是评价思想政治教育内在意义，强调评价的"应然"性标准，主要是提供行为规范的内在价值，同时也契合了思想政治教育作为价值渗透和思想领域洗礼的学科性质和要求。当下受我国传统教育体制惯性影响，同时也受社会快速扩张的教育环境裹挟，思想政治教育往往更多注重的是工具功能，将其看作是教育决策以及收集、使用信息的手段，作为服务于提高管理效率这一时代任务的杠杆确实发挥过积极的作用，然而回归思想政治教育的本质特征和根本目标，过于强调工具价值取向，遮蔽了思想政治教育的价值导向，人为割裂了工具目标服务于价值目标的内在逻辑联系。另一方面，强调目标导向，以有形教育目标和外在表现作为教育出发点和根本依据，只注重显性标准、外在结果的统一性和理论上的看似可行性，使教育活动看似符合普遍的、可操作性的形式标准，但是尽善尽美的外在表现往往会遮蔽了思想政治教育的核心追求，背离想政治教育的根本方向，看到了"事"，却忽视了"人"，无法彰显教育过程中教育主体所具有的主观能动性和实际的需求，将"效率"视为开展评价活动的最高追求，缺乏关注是否贴近了高校大学生的实际需求，是否适应了高校大学生的新特点倾向，以及是否触发高校大学生积极情绪反应。思想政治教育不能被追求效率和速度所捆绑，而忽视了目的本身的合理性，当下有的专业教育中缺乏思想教育，知识教育中少见理想教育，存在对规范性的过度追求。这种从实质上来说是将教育对象视为虚无而非现实的鲜活个体，使得教育的职业功能与育人价值人为割裂，这也是造成当今高校大学生思想荒芜和行为躺平的根本原因。

网络时代人的生存方式、思维和生活模式发生巨大变化，价值空间处于随时重塑当中。思想政治教育归根到底是做人的工作，思想政治教育需要因时而变、因势而变，立足时代变化之前列进行价值引领和前沿审视，以及结合思想政治教育根本目标要求和时代对"人"的反思，时刻把握时代发展变化，在时代发展大背景下，洞察社会发展要求，深刻把握思想政治教育和时代发展之间的内在关联，这是思想政治教育的本质要求和活力所在，也是能够持续发挥它的价值以及功能的依照。思想政治教育内容是在一定时代背景下产生的，也是在既定时代中进行的，思想政治教育内容以及过程需要顺应时代要求、体现时代精神、解答时代难题。思想政治教育面临新的时代环境，面对着和平与繁荣环境下成长起来的高校大学生，他们物质丰裕，但在快速发展的时代不少人面临着精神上的迷茫和困惑，这要求思想政治教育在传授知识的同时，人文关怀和心理疏导同样是不可缺少的内容。教育的第一要义在于唤醒灵魂，苏醒情感，教育主体性不能遮蔽，情感触动不能被知识获得掩埋，深度体验不能被单纯思考取代，只有这样思想政治教育才能永葆生机与活力。

1.1.2 思想政治教育情感回归需求

从人的心理反应层面看，情感的产生是客观事物能否满足人的需要而产生的态度体验即为情感产生。西方文化中由于其历史传统更倾向于理性思维，19世纪，由黑格尔、孔德等人把理性主义作为主流的思想推到了社会的顶峰。理性主义在与现代科技快速发展中形成呼应，与此同时工具理性也逐渐渗透到人的生活的各个方面，开始阶段的本着为人造福的科技，逐渐陷入了将人置于一种处于对立面的陷阱，人从此成为工具、科技的奴仆，过于崇尚理性的缺点逐渐显露，在人的主体性不断被遮蔽的过程中，更多的人对理性主义进行了反思。思想政治教育既有的教育内容和教育模式，往往是知识传授和理性灌输，但是同时也逐渐显露其局限性，最典型的问题是忽视人的主体性和鲜活性，人仅仅作为被动接受体,人的情感、意志等并未体现在教育考虑因素内,所以此后对情感的探索也一直持续。

马克思曾指出:"激情、热情是人强烈追求自己的对象的本质力量。"[①]情感是人的一种特殊的反映,是对外界是否符合自己需要而产生的喜爱或者憎恶的体验。情感作为"非智力因素",在人的认知和认同方面有着重要影响。17 至 18 世纪以休谟和斯密为代表的情感主义伦理学派产生了重要社会影响。他们论述了情感和道德之间的内在关系,休谟从理性和情感相比较的角度展开论述,他认为理性必须通过情感来驱动,理性能够帮助人们辨别事实真相,指出行为的方向,情感则可以区分善与恶。斯密在《道德情操论》中以同情和情感共鸣为基石构建了道德情感论的理论体系,他认为情感共鸣是道德发生的基础,强调人们通过情感的想象或具体情境的观感会产生感情的共鸣。同时把人们之间情感相互一致与否视为评价行为合宜与否的标准。

目前的研究领域中,作为情感的实践形式,情感体验是其中重要的研究内容和趋势。体验是情感生发的学生实践的演练,也是增强教育效果的教育创新,情感教育的实践研究必然绕不开体验的讨论和探索。但是理论研究总是要回应现实问题,目前的生活体验尽管一定程度上改变了理论传授的薄弱,但是在情感上依旧没有触碰到内心深处,尝试"生命体验"或者"极致体验"的教育或许是个值得探讨的方向,毕竟"生命之爱"是一切价值观的基础,体现在一个整体的"生命"之中并且持续人的一生。唯有"生命体验"通过身心深度参与,经过情感作用的中介效应,充分发挥情感的激化、选择、评价功能,使得"关系""氛围""情境"等要素作用最大化发挥,进而达到主流价值的深切认同。感性是人类的一种情感体验,一种感受,它让人类暂时不受制于工具和理性,获得一种解放,它们相辅相成,既互相依赖、相互斗争又相互补充。以上文献的梳理为情感研究提供了重要的支撑。

目前思想政治教育依然存有偏重认知而忽视情绪情感层面的问题,理论和知识的灌输成为常用的手段,内在的情绪情感以及鲜活的"人"却常遭忽视,呈现本末倒置,以致出现工具人和单向度的人。只注重"实用"和"功利"之学,以致有的人虽才华横溢却是实质上的精致的利己主义者。当然我们对于教育中的情感理解不能狭隘化,它并非仅仅是一种感性表达,其实它是通向理性的重要路径,尤其在人格的形成发展中有着基础以及辐射性的作用。它也不是与生俱来,但是可以借助教育不断培养和发育人类与生俱来的情感。对于高校思想政治教育而言,进行理论知识传授以实现价值观的渗透固然重要,个体生命中本来就不存

---

① 　马克思,恩格斯.马克思恩格斯全集(第 42 卷)[M].北京:人民出版社,1979:169.

在纯粹的感性和理性；但是对照现实，以及时代对青年高校大学生的使命要求，生命理想、意义感以及对生命境界和生命层次的教育尤显迫切，长久和深刻的伦理、道德价值观是以理性和感性融为一体的情感作为基底的。针对这种情况，含有情感指向的体验场景设计成为呼唤。

思想政治教育中情感是处于一定社会背景的人从一定的世界观、人生观和价值观出发，对现实思想政治关系和行为产生爱憎或好恶的情绪态度。思想政治教育是价值观教育，价值观的渗透与实现不可避免与人的情感紧密相连，只有喜爱才能产生认同，冷漠甚至讨厌无法建立认同。思想政治教育价值观促使形成情感倾向，诸如喜爱、讨厌、愤怒等情绪，日常生活中我们也许会难以区分一个人的外在表现是情感方面的表达还是价值观方面的表达，但是个体的情感性是客观事实，思想政治教育终极目标是引导建立人对美好生活的向往和追求，以及在这个过程中以情感体验之中的精神成长为目标，思想政治教育经过情感的支撑，有利于人类个体更好地追求自我存在的意义、寄希望于生活进步、更好地追求美好生活等等。

1.1.3　思想政治教育主体情感需求凸显

从思想政治教育的发展历程来看，历经几十年其发展目标进一步明确，发展路径不断优化。武汉大学佘双好教授认为，推动思想政治教育模式从专门化向整体综合模式发展，思想政治教育内容从政治领域向促进人的全面发展扩展，思想政治教育渠道从主渠道、主阵地向专业领域拓展，思想政治教育方式方法从直接教育向间接融入式、嵌入式、渗入式发展①。任何理论发展都是在不断适应新的社会环境中进行，新时代思想政治教育面临新的环境、特点和使命，应顺应时代要求，因事而化、因时而进、因势而新。思想政治教育从其诞生的功能看，一开始就是服务于政治需要，服务于社会发展需求，强调思想政治教育要服务于国家发展。然而却忽视了思想政治教育作为教育的组成部分，其同样要重视人在发展中的重要价值，重视人的发展——社会发展之间不可分割的内在逻辑。教育在促进人的教育价值发挥过程中起重要作用，需要正视"教育、社会、个人"之间的关系，只有立足于教育，实现社会与个体之间相互转化机制的发挥，才能解决工作不能满足现实需求的思想政治教育这一基本矛盾。著名教育家培根，在其学术著作中提出，通过教育能够使个人具有两方面的智慧，在人生中做好社会事务的同时，获得个人的幸福②。他希望人们经过教育后，不只是追求外在社会事

---

① 陈学强，刘爱玲.新时代思想政治教育的创新与发展——"2020年全国思想政治教育学术研讨会"综述[J].马克思主义研究，2020(10)：161-163.

② ［英］弗朗西斯·培根.学术的进展[M].刘运同，译.上海：上海人民出版社，2007：166.

务的成功,还要获得个人的幸福,努力用统一的智慧,避开在实现幸福意义上的个人与社会之间的对立。

20 世纪 70 年代末之前,中国受政治意识形态和苏联教育学的影响,强调教育的意识形态功能居多,尤其认为教育是阶级斗争工具的观点占主流。在这种思想影响下,对于学生的成长要求就是以政治功能居多,后来不断出现经济功能、文化继承与发展功能等。20 世纪 80 年代末,学者们不断在探索思想政治教育的社会功能和个体发展功能的内在关联,认为"人"才是教育的出发点,教育对学生的引导和促进总是以适应社会发展的需要和促进个性发展统一为价值取向的,教育的两大功能的实现最终是通过教育对象真实发展来表现的,教育活动中,人就是目的,教育两大功能的实现最终应该落实到培养人的活动中去[①]。

新时代思想政治教育担负着重要任务,围绕"为谁培养人、培养什么人、怎样培养人"的问题,为实现中华民族的伟大复兴起着价值引领作用,但是如前所述,个体获得和社会发展之间有着严密的逻辑顺承关系,当现实个体"丰满的理想遭遇骨感的现实"的时候,他们会选择躺平、佛系、颓废,个体会在和社会发展之间进行博弈,如此个体和社会之间的正向循环被打破,这样思想政治教育效果也会遭遇艰难。思想政治教育无法忽视人的"精神生命"和日常实践的主动发展,主动发展和主动获得是个体发展的权利,同时也是个人自觉意识和努力的目标。要求明确社会发展需要与人的发展需要的统一。

思想政治教育对社会发展需要的满足,是通过对人的发展需要的满足来实现的。思想政治教育的任务,就是要把社会发展对人的思想政治素质的要求,在教育者和教育对象身上变成现实,养成个体的优良品行。但是,仅从社会发展需要的角度认识思想政治教育,就可能把思想政治教育变成独立于人的发展需要之外的甚至是对立的东西,把社会需要和人的需要对立起来,使教育者和教育对象对立起来,思想政治教育价值自然难以实现。实际上,社会需要和个体需要紧密相关,教育者需要对思想政治教育内容进行诠释,对其所包含的社会要求的合理性进行论证,不仅告诉人们社会要求是什么,而且告诉人们为什么要这样,这对教育者的政治素质和表达能力等提出较高要求,需要建立起社会进步和个人发展之间的关联,把社会对人的思想政治素质的要求,还原为人对自身思想政治素质的要求,这样才能提高思想政治教育的针对性,满足价值主体的需要,实现主体需要与客体功能的契合,不断实现思想政治教育价值[②]。

---

① 叶澜.教育概论[M].北京:人民教育出版社,2006:333.
② 闵绪国.论思想政治教育价值实现的规律[J].思想教育研究,2017(04):28-32.

1.1.4　网络思想政治教育的新场域

进入网络时代，网络成为人们学习、工作和生活所必需的条件，构建了一个虚拟的学习、工作和生活场景，通过互联网络，一方面可以更加便捷地搜集到自己想要的信息和资源，另一方面在进行着交往，形成以互联网络为平台的新型的人与人、人与社会之间的交流与互动的关系和模式。这种关系和模式是以互联网络为平台和载体而形成的，是现实世界人与人、人与社会关系和模式的扩展，这个环境连同现实环境一起，构建了一个现实与虚拟环境相互交织的学习场景。

数字生活方式已经成为年轻高校大学生的必然选择，这种数字经济和数字生活使得信息流通的藩篱被打破，曾经的数据孤岛被识别也被联接，数字化让许多的不确定性产生新的意义和温度，在看似一系列冰冷的符号背后蕴藏着意义寄托和意义需求。商业领域网上直播带货经济无论在疫情之前还是疫情之中都如日中天，成为疫情阶段"冷"经济背后的"热"力量，这些是经济发展的阶段和必然产物，它迎合了人们的生活方式和消费方式，但是更重要的是在这看似冰冷交易数据背后无不与情感联结紧密相关。表面上看高校大学生热衷于短视频，沉浸于平台直播，但是在这些表象呈现的背后反映了最需要的是关系建设和关系需求本身，是人们对相同目标相同爱好的相互信任情感需求的反映。高校大学生的精神寄托从偶像崇拜转化为具有同样趣缘的小范围人群的"网红"，这种网红可以是人，也可以是商品，甚至可以是一种共同爱好，正是这种情感联结渗入到目前的新带货规则中，在这种共同的圈层中，他们感觉有温度、有体验，每次新一代社交产品的火热背后，诸如剧本杀、视频社交、灵魂社交，一定是某个群体的兴趣载体或者是入门钥匙，这种入门券真正代表了某个圈层的归属和意义寄托。数字生活方式促进了人们认知和思想巨大改变，技术带来无与伦比的体验，也正在改变社会形成新的秩序，构建新的伦理内容规范。但是在技术的背后，人的需求永远是其发展的动力所在，人也总是在日常中赋予了技术革新的全新的意义寄托。商业领域正在进行的一系列改革，有效开发和激活了系统数字化，也就是全面场景化。从系统数字化到全面场景化，生活方式也逐渐进入"数据化"和"算法化"，人、技术、场景开始系统性解构，精密的传感网络和创新模式同时加速了人的数字化，这也是全面场景化的关键，也就使场景互联时代成为可能。

思想政治教育的场景构建也需要顺应时代所需，与社会领域紧密联系，同时也是思想政治教育自我革新的方式，这是强调"实践立场"理念的实现路径。思想政治教育网络场景的构建，有人称之为有时间的空间，源于教育对象的真实、具体的需求，场景互联与数字化和数字生活方式紧密相连，是顺应需求多元离散以及意义寄托的重要变革，它围绕数字生活方式、围绕对数字化的人的精准需求连接展开，它是教育通往新的认知、方法与应用的全场景纪元，是理解思想政治教育中教育对象的生命意义感、情感寄托的重要理解方式。

1.2　网络思想政治教育主体获得感研究价值

1.2.1　主体获得感研究的目标取向

本书着重探究在网络背景和环境下，理顺思想政治教育获得感在思想政治教育尤其是网络思想政治教育框架中的重要价值和现实意义，剖析网络思想政治教育获得感的独特生成逻辑和机制，场域构建和情感体验在提升思想政治教育获得感中的机制和内在逻辑，以及在网络场景中提升获得感的路径。

思想政治教育作为一个意识形态性强的学科，在很多人的观念意识中多是理论为主导的学科，其传授方式也多以灌输和理性讲解为主，但是作为价值传递和渗透的学科，其情感上的认同，对于效果的达成可能并不比理论传授的效果达成更差，甚至在某些环节上可能更有助于实现目标，而这也是本书研究的一个重要目的。思想政治教育注重理性方式，但是感性不可缺少，情感性的体验在当下网络时代背景下的建设更为迫切和需要，也亟须探讨思想政治教育中的情感和情感机制的独特作用，这样对于本书的研究主题——获得感才能更有针对性。所谓"情致则理达"，思想政治教育目标是现实的人，教育效果的实现，离不开情感的媒介和赋能，需要情感的支持和认同。

人是感性和理性结合的复杂动物，人的认识过程是一个系统作用的过程，教育过程也是感性和理性综合作用的过程，通过本研究的逐步开展，希冀能够改变思想政治教育既有的固化模式，从鲜活的人的角度出发，注重情感渗透、认同等因素的协同育人价值，从情感性角度为思想政治教育打开一个教育实效性增强的研究空间。

1.2.2　主体获得感研究的价值

1）理论价值

（1）提升主体意识，拓展研究视域。深化思想政治教育研究，为思想政治教育研究提供独特视角，也为提升思想政治教育获得感提供理论引导。目前的思想政治教育领域，多是从供给方面探讨较为宏观的教育效果、教育方法、教育实施等领域，尽管目前也有从需求方面探讨情绪感受，但是仍然比较碎片化，或者仅仅是散见于立足于供给研究的内容之中。从获得感探讨侧重于教育对象主观感受的研究能够给思想政治教育实效性提升提供独特的视角和领域。本书研究内容通过对主体获得感的研究，有助于实现从"供给者本位"到"需求者本位"的转换，摆脱思想政治教育的"离场"困境。思想政治教育实施效果不尽如人意，其中一个重要原因是经常站在供给者本位去提供学习的内容、形式，而忽视了教育对象的身心特征，时代烙印以及内在需求等，导致教育对象尽管身体"在场"但是精神"离场"的结果。

(2)建构关联机制。建立网络和思想政治教育主体获得感之间的逻辑关联机制，场域构建和情感体验与获得感之间的内在逻辑，以及主体性生成和获得感之间的关系，这几者之间关系的理顺是探讨网络思想政治教育获得感生成路径研究的前提和基础，技术发展是思想政治教育不可忽视的背景和条件，获得感作为思想政治教育追求的关键目标，与场景构建以及教育主体情感体验有着紧密关联。

(3)明晰互动规律。通过对高校大学生网络行为特征、网络参与形式、网络参与内容和目的等方面的分析和把握，有助于明晰思想政治教育获得感的网络参与和现实参与之间的互动规律，以及教师与学生之间的互动机制和要求。思想政治教育线上线下的实施，各有特点，各有所长，但是也不是相互独立或者割裂，为实现思想政治教育良好效果，线上线下不可或缺，探索两者之间的互动规律和互补规则对融合两者长处有着重要意义。

2）应用价值

(1)促进教育共振。强化高校大学生思想政治教育的网络参与和现实参与的"互嵌"教育功能，促进两者的教育共振。当下的网络时代，是思想政治教育实施的重大背景和平台，线下教育尽管有其独特优势，但是网络参与作为重要的生活和学习方式，是思想政治教育功能实现的重要路径，也对探讨高校大学生的思想状况、教育效果有着重要价值和意义，它与线下思想政治教育进行功能互补，促进教育共振。与此同时促进教育者和教育对象之间的有效互动，在主体性视角下探讨两者之间的互动机制，在获得感形成的目标引领下研究两者情感互促、体验互动的教育效果。

(2)突出主体地位。强化教师和高校大学生在增强思想政治教育获得感领域的主体性特征，凸现思想政治教育的人学目标。思想政治教育的最根本目标在于完善人、强化人的主体性，实现教师归属感和促进高校大学生人格的健全，进而促进社会的和谐发展。但是我国传统思想政治教育过程中教育对象相对处于被动和服从的接受地位，也相对忽视教育者的主体性地位和感受，掩盖了教育者和教育对象的主观能动性。教育原理告诉我们，只有在教育者和教育对象认识到教育的目的除了促进国家的稳定和发展外，同时也是为了完成自身的不断蜕化和完善，不断促进自身和社会有机融入，并且在此过程中实现自身的人生价值和人格的健全,在认识到自身和社会之间良性互动的基础上,教育者和教育对象才能够形成深刻的理性和价值认同,进一步明确自身定位,进一步谋求对社会发展的促进。

(3)提升有效参与。有效参与的过程,既是主体性彰显和实现的过程,也是知识获得、情感共鸣进而价值内化的过程,也是教育者和教育对象有效互动的过程。当前青年人多为"低头族",几乎时刻处于网络场景中,但是从思想政治教育角度看并未完全实现"有效"参与,也即对教育效果、思想状况的调节、网络的高效互动等都不甚理想,主要原因是没有对网络参与的机制和机理进行细致的探索,缺乏对真正参与背后的逻辑和机制的梳理,以及对主体性激发背后原因的探讨。通过本书研究,深入梳理参与过程中的内在机制,促进高校大学生的有效网络参与,完善网络作用过程中的教育渗入。

(4)强化教育效果。确立网络参与的思想政治教育获得感的评价方向和趋势,增强网络思想政治教育的针对性。以往的教育效果多用量化方法进行评价,但是结合思想政治教育自身的特征和目标,主要在于思想塑造、德性和善性的渗入,量化的评价则主要着眼于知识点的掌握,侧重于"知"的层面,对于"情""意"等则难于评价和判断,而这些内在的情感体验对于教育的实效性则起着非常关键的作用。

1.3　网络思想政治教育主体获得感的理论意蕴

本书的核心概念是按照主题和逻辑演绎的进程进行选取。在场域建构和情感体验对网络思想政治教育获得感的关联过程中,教师和高校大学生的内在心理感受、内在作用机制以及两者之间的有效互动等不可回避,因为情感在获得感生成过程中必然是重要的一个环节,与此同时,在网络参与过程中、在特定场景中的体验是获得感形成的关键,也是思想政治教育创新的明显趋势。

1.3.1　核心概念阐释

1.3.1.1　网络思想政治教育

1) 网络思想政治教育场域的场域特征

尽管思想政治教育学科的发展已有 30 多年,但是对于思想政治教育学科的科学内涵认识相对不足,相对缺乏与时俱进的特质。高校中对于思想政治教育的方式不断改进,正在逐步贴近高校大学生的思想需求和话语体系,但是与社会发展以及国家建设要求相比,本着为党育人、为国育才的原则,尚未充分体现出温度和精度。思想政治教育作为思想塑造、核心价值观确立的学科,需要随时关注研究对象的关注点，应该做到高校大学生在哪里，研究的阵地就在哪里。目前我国青年高校大学生基本都是网络原居民，自出生后就和网络打交道，网络是他们获取信息、人际交往和教育的重要渠道，其价值观的塑造和形成与网络有着天然联系，在思想政治教育过程中，对网络阵地的内容、发展趋势需要作前沿的研判，以精准判断和掌握高校大学生的思想动态，认识到网络与思想政治教育的嵌入势在必行，引导高校大学生网络参与思想政治教育，是增强思想政治教育有效性和针对性的必然选择。

2）网络思想政治教育与主体情感关联

就网络思想政治教育领域而言，人们比较少地与教育对象的情感进行关联，忽视教育对象"人"的现实性一面。技术往往呈现的是其冷冰冰的一面，认为与情感、感性关联度不大，甚至觉得技术划归理性领域，与情感、感性等界限分明。网络技术作为知识、交流的主要平台，尤其作为交流平台的载体，其交流过程中必然涉及情感渗透，因而网络技术不仅是理性的实现渠道，同样也是情感交流的重要平台，这与思想政治教育的内在追求相契合。也由此可见，思想政治教育学科在及时汲取社会发展成果并加以运用的能力上相对滞后，敏感度相对缺乏，与社会发展和教育优化的节奏没有同步。

3）网络思想政治教育的技术融合

思想政治教育的思想塑造与技术无关的认识时有影响。认为思想政治教育追求崇高，体现理性化诉求，与技术可以没有关联。网络作为技术载体，不附带有价值立场，但是使用得当它可以服务于社会主义意识形态，如果不占据这个网络阵地，也有可能被西方国家利用当作意识形态渗透的工具。任何一门学科都不能无视社会发展的环境和趋势，也不能拒绝时代发展的先进产物，这是促进学科自我优化的关键途径。当下的互联网化生活，无论是人工智能还是虚拟现实抑或正热门的元宇宙等，技术始终是从人的维度和人的需求生发情感的表达，教育技术正以势不可挡的态势扑面而来，只有充分利用技术加持，才能使学科更加贴近人和社会的需求。与此同时我们也应该认识到，技术与教育为"人"服务的目标并不相悖，教育目标是促进理性，但是并不排斥感性挖掘，恰恰相反，思想政治教育更应该充分体现人文关怀，更加注重挖掘高校大学生内在感性的表现与张力，以充分体现教育为本的宗旨。网络为思想政治教育的表现和目标实现提供了直观、形象生动的载体，更有利于思想政治教育走近学生和打动学生。

1.3.1.2 网络思想政治教育获得感

教育部在《2017 年高校思想政治理论课教学质量年专项工作总体方案》中指出，要"切实增强高校大学生对思政课的获得感"。获得感是判断教育改革成功与否的试金石，同样也是检验思想政治教育成效的重要标准。思想政治教育获得感从这个概念的产生到现在,研究内容逐渐深入,从最初的概念内涵解读,到增强路径探索,从开始的作为思想政治教育的一种衡量手段和一个视角,到现在的思想政治教育提升实效的一种思路和一个理念,研究域度逐渐拓展,研究方法也不断丰富。本课题对思想政治教育获得感的界定主要指在思想政治教育过程中,通过教育方法、教育环境、教育主体等内容的完善和创新,通过情绪、情感的内在心理反应,引发教育对象不仅获得知识,更重要的是精神愉悦、充实感和满足感,在此基础上内化为以信念、信仰和理想为核心内容的价值观念。

自 2020 年开始,有关思想政治教育获得感的研究日益增加,人们将研究视角逐渐集中于思想政治教育获得感的内涵、价值与意义、主要内容、主客体关系、实践应用等方面,这些研究对于建构新时代背景下的思想政治教育理论体系,以及提升思想政治教育实效性产生了重要的促进作用。为了研究的深入,有必要对"获得感"的内涵进行解读,目前对于获得感的阐释主要表现为如下几种:

1) 思想政治教育获得感

它强调的是内在的感受。一是概括获得感的特征。主要强调正向、积极,能动、持续、真实的感受。二是从不同理论视角解读"获得感"的内涵。哲学角度有赵建超(2018)、人学角度有付安玲(2018)、教育学角度有程仕波(2017)、供给侧视角有王帅(2018)。思想政治教育获得感的价值意蕴解读,主要从价值、方法、需求等层面和维度进行阐述,做这方面探索的主要有程仕波(2017)、张文静(2017)等。解析获得感受的层次和样态角度,主要分为基础样态:思想认同带来的欣悦感;发展样态:实践运用带来的效能感;成熟样态:成功收获带来的满足感[1]。还有剖析获得感的系统结构,包括横向(目标内容维度)、纵向(生成过程维度)、深向(来源层次维度)三个方面的立体结构[2]。

2) 网络思想政治教育获得感的主体性

认为思想政治教育并非仅包含教育者与教育对象,而是由多个因素组成的统一整体,其中各因素相互作用,交错影响,单一顾及教育者与教育对象的"获得"效果并不全面也不客观,完全忽略了双方之间非静态而动态的现实关系及其相互作用是不合理的[3],所以在考察思想政治教育获得感的主体时需要放在一个系统之中进行考虑。主要包括:教育对象的获得感;施教者的获得感以及其他参与者的获得感。

思想政治教育获得感的生成是以主体性为前提。没有自身建构的意愿,缺失对自身成长和发展的期待,没有情感的投入,就不会有获得感的形成。

---

① 　程仕波.论高校大学生思想政治教育获得感的三种样态[J].思想教育研究,2020(10):48-52.

② 　赵静.高校大学生思想政治教育获得感的内涵与结构[J].思想理论教育,2020(03):51-55.

③ 　李合亮,张旭.思想政治教育获得感内涵的全面性认识[J].思想理论教育导刊,2020(08):119.

3）网络思想政治教育获得感的内容

主要从情感、思想、行为维度进行研究。情感维度主要指教育对象在教育过程中获得愉悦、共鸣等深刻的内心感受，思想维度主要指获得思想上的升华，由深刻沉浸带来对理论上的理解、顿悟和认同；行为维度主要指由于情感、思想上的转变所带来行为上的转化，由被动、表面行为转化为主动、内在的驱动。更加强调主体因为实在参与的被尊重感、教育过程中的主体体验感，以及伴随参与带来的成长满足感①。韩一凡为代表的学者对思政教育获得感的内容进行了深刻的分析，其从获得结果方面切入，指出思政教育获得感指的是精神层面的获得感，包含了世界观的获得、方法论的获得、价值观的获得等等，主要指的是意识形态方面的获得感②。

4）网络思想政治教育获得感生成

获得感是一种主观感受，从知识的习得到内化为获得，经历了复杂的心理感受、情绪感受、价值接受内化的过程，其间的接受机制和内在机理不断受到学者的关注，多是结合心理学、教育学进行研讨。如程仕波认为获得感主要有目标的预期牵引机制、获益求取的激发机制、利益的价值感知机制、实践的长效检验机制和力量的立体整合机制③。从获得感的生成过程看，目前研究内容从生成逻辑、生成意义、生成路径来研究。它的生成具有历史、理论以及实践三重价值维度④。思想政治教育获得感的形成有其独特的内在生成机制，是渐进式、螺旋式形成过程。

5）网络思想政治教育获得感生成阶段

目前学界对于网络思想政治教育获得感主要有以下几种论点。陈娟、王立仁将思想政治教育获得感的生成分为"萌生阶段—形成阶段—升华阶段"三个阶段⑤；王易、茹奕蓓将之分为"内在需要，实际获得，主观体验"三个阶段⑥；程仕波和熊建生将其分为被动获得感、主动获得感、过程获得感和结果获得感四种形态⑦；宁文英、吴满意认为思想政治教育获得感的内在生成逻辑是"情感期待—心理共情—有效对话—意义共享"⑧。综上，目前学界关于"获得感"的研究，围绕"获得感"的内涵，基于不同视角进行了研究，有立足获得感的生成视角，主要侧

---

① 张业振.论思想政治教育获得感的内涵、逻辑及其实现[J].思想政治教育研究,2018,34(06):67-71.
② 韩一凡.日常生活视域下的思想政治教育获得感研究[J].学校党建与思想教育,2017(13):42-45.
③ 程仕波.论高校大学生思想政治教育获得感的生成机制[J].黑龙江高教研究,2020,38(06):108-112.
④ 刘梅敬.新时代思想政治教育获得感的生成逻辑[J].社会科学战线,2019(07):244-248.
⑤ 陈娟,王立仁.思想政治教育获得感的生成及其提升研究[J].思想政治教育研究,2018,34(04):73-77.
⑥ 王易,茹奕蓓.论思想政治教育获得感及其提升[J].思想理论教育导刊,2019(03):107-112.
⑦ 程仕波,熊建生.论思想政治教育获得感[J].思想教育研究,2017(07):22-26.
⑧ 宁文英,吴满意.思想政治教育获得感:概念、生成与结构分析[J].思想教育研究,2018(09):26-30.

重于教育活动参与过程之中产生的持续、正向的心理体验;有基于结果视角,侧重于通过教育过程在思想和意识形态方面有获得;也有学者从过程的角度出发,分析教育过程之中或者在教育过程后获得的精神利益以及关于获得的内容的积极主观体验[①]。

　　但是,以上研究的侧重点主要还是线下思想政治教育,作为思想政治教育的一个重要阵地,网络思想政治教育获得感的生成机制、形成条件、参与要求等亟待研究深入,以形成完整的思想政治教育获得感的研究结构和空间,深入获得感的研究范畴,以及完善思想政治教育的评价机制。经过上面文献梳理,目前对于"获得感"这一概念尽管理解和阐释的视角多元,但是结合研究的聚焦点,本书在理解网络思想政治教育"获得感"内涵时,主要侧重于:一是注重内在感受,这种感受并不局限于愉悦感,也包括情感剧烈冲突之后的反思和顿悟,并且能够触类旁通到原有的知识结构,使得理论转化为实践可能性增加。二是获得感的形成过程也是自身主体性的建构过程,思想政治教育过程中,教育对象同时也是教育主体,成为每一个教育中心,并且强调教育的"走心"过程,不仅身体在教育场域中,心理、情感、意志等也一直贯穿于这种感受场域中。三是贴合需求而生。强调获得感的产生源头来自契合并且能够有效引导教育对象的需求。有两层含义:其一是把握当下高校大学生的实际需求,教育不能无的放矢,尤其高校大学生的思想活跃,接受新事物强,需求也在不断变化当中,思想政治教育要有把握高校大学生需求的能力和意识;其二是高校大学生需求多样,合理性需求予以满足,非合理性需求予以引导,进一步而言,获得感的生成源于合理性需求的满足基础之上的内心感受。四是网络思想政治教育获得感有赖于技术提供的交互便利和融会贯通的可能。网络思想政治教育获得感有其独特性,和网络本身特征不可分离,网络能够为获得感生成提供现实思想政治教育不具有的场域体验,使得获得感生成的渠道和路径更加多元。从国外看,没有直接对应"思想政治教育获得感"的词汇,但是与"获得感"意蕴相类似的理念和做法一直存在,对于教育主观获得的探索研究一直在进行着。20 世纪 60 年代后,有关课堂环境的研究开始慢慢地转向了观察学生的角度,考察学生在课堂环境中的主观表现和个人感知程度等等,技术对此给予了回应与支持,通过测量学生对课堂教学中教学目标、方式和评价以及相互交流的感知等课堂体验或课堂感知状况来研究课堂质量。1991 年英国的学者 Ramsden 主持编制了"课堂体验量表"(CEQ),他从清晰目标、良好教学、适当课业负担、学习自由度、合适评价等五个方面评价了高校大学生的课堂体验。应该说,西方国家涉及课程主观体验的研究视角以及技术运

---

① 陈倩.供给侧视域高校大学生思想政治教育获得感:价值、困境及超越[J].辽宁农业职业技术学院学报,2020,22(01):42-45.

用，为本课题的研究提供了参照。当然由于差异化的国情、文化传统、教育内容以及具体概念内涵上的差异，具体借鉴需要有选择地吸收。从国内已有研究看，思想政治教育领域获得感的研究视角不仅是理论创新，更是对其实施效果评价的范式创新。在社会日益引导走向理性的环境下，学校不断倡导加快增多知识教育，教育评价也将知识获得作为其是否有效的关键指标。但是教育的作用和效果并不能作短期和狭隘地理解，尤其思想政治教育学科，作为思想领域的洗礼和强化，单纯知识的评价是肯定不能全面衡量其教育效果的唯一和主要标准，更加关键的是主观感受、情感共鸣以及行为方向的内在和外在表现。"获得感"是衡量思想政治教育效果内在感受的一个新的指标。目前作为一个比较新颖的研究视角，研究的脉络已然比较清晰，当然就目前思想政治教育发展趋势和对象看，其研究视角依旧有待拓展，研究内容有待继续深入。综上，思想政治教育获得感研究数量上不断增加，质量上不断提升，研究的内涵不断深入，外延也在不断拓展，为提升思想政治教育实效性提供了坚实的基础和有益视角。

结合以上分析基础，网络思想政治教育获得感将之界定为：通过教育对象、教育者和其他思想政治教育要素的网络有效参与，在教育实践活动中通过行为而体现出来的真实而又持久的感受性和愉悦感等正向的体验，也包括由此带来的相互作用、相互影响等等。思想政治教育是时代之学，它在动态中发展和完善。网络为思想政治教育开辟了又一个重要的教育阵地和平台，思想政治教育需要正视并充分运用好这个载体，以一种独特的方式走近学生、了解学生，能通过网络更深入了解学生内心思想世界以及变化轨迹。另外由于网络的独特性，能够通过评论、跟帖、弹幕等掌握学生较为真切的情感表达，相对精准地探究到学生的情感情绪，进而实现线下思想政治教育所不具备的"X"光线功能。由此，网络思想政治教育获得感研究对于提升教育的有效性和针对性作用非常大，值得探究。

1.3.1.3　网络参与

目前对于"参与"的概念作解读的文献不多，作为一个中性的词汇，往往和"政治参与""公共参与""社会参与"等关联解释得比较多，主要研究领域包括政治学、教育学、社会学、心理学等。在中国古代典籍中"参"和"与"两个字，最早是单独使用的，大多指"参加""加入""参预"到政治生活和政治决策中去的意思。诸如：《后汉书·郎顗传》中"每有选用，辄参之掾属"。《后汉书·赵充国传》中"朝廷每有大议，常与参兵谋"。《论语·子路》中"虽不吾以，吾其与闻之"等的说法，这些对于"参与"的解释多和政治学相关，也与中国当时的体制和文化息息相关。近些年来伴随治理体系现代化要求的提出，在社会领域"参与"概念使用频率明显增加，主要是基于主体角度完善和促进治理效果的目标提出。从微观角度看，对于参与的研究则侧重于个体的融入程度,主要包括身体、心理、情感等的融入。

作为教育和社会生活领域的另外一个关键词,网络已然作为高校大学生生活方式的重要平台和工具,迅速融入社会和各领域中,也正以不可阻挡之势进入思想政治教育领域,网络思想政治教育的研究正焕发勃勃生机,教育内容与形式不断创新。作为网络和获得感的融合领域,网络思想政治教育获得感研究呼之欲出,也日益显示其必要性。教育部原部长陈宝生在全国高校思想政治工作网上开通启动会上提出,"要以习近平总书记关于网络工作的系列重要论述为根本遵循和办网灵魂,积极应对意识形态工作新挑战,发展壮大网络思政力量"。

目前网络政治参与的提法较多,直接字面上可以理解为使用互联网和上网的行为。当然更加深入的理解是不仅通过网络进行娱乐和消费,而且还通过网络完成沟通和信息交流互动等,并在此基础上,不断形成每个人的网络意识,并进而形成网络意识形态。网络参与除却个人网络行为外,它通过网络评论跟帖、信息加工、信息联动等形成社会效应。因此网络参与不仅是一种行为,其后反映的是与思想相关的意识形态。同时也不仅是个人行为,而是受社会行动影响甚至裹挟的社会行为。当下网络环境下高校大学生形成多种趣缘社群,形成多元化的文化场域以及亚文化场域,它不分性别、年龄、阶层,即使在现实社会中处于相对弱势位置的草根用户,也能在这样的文化场域中建构身份认同、获取社群归属感,并在此基础上不断通过网络内的共同约定和协同创造,发展出带有群体性典型特征的具有自我赋权效应功能的场域,借以表达诉求,释放压抑,回应占主导地位的意义世界[①]。网络参与可以被界定为一种新的社会参与形式,主要是指大众参与和互联网络结合起来,公众以互联网作为自己获取、发布信息的媒介,可以在网上进行留言、讨论、洽谈等活动,并且能够产生一定的公共影响力。如今研究网络参与的主要领域有网络政治参与、网络参与行为特点研究,以及网络参与其他行为的结合。

网络时代高校大学生的网络行为无处不在,涉及社会生活各个领域和层次,上网已成为高校大学生日常学习、工作和生活的组成部分之一,这种趋势的产生主要基于现代社会的快速发展,高校大学生获取公共信息的增多,他们能够更加轻松地学习接受并且掌握新兴的媒体技术,特别是移动终端所提供的大量信息和丰富的服务功能,这将更加便利于高校大学生的个体参与,增强其个体参与的自觉性和主动性,使高校大学生们的个体参与的生活化程度更高、设计的范围更加广泛、形式更加灵活,现代社会也正是在这种动力驱动下不断前行并进行改变。

---

① 林品,等.建构与升级——"互联网+"时代的实践与探索[J].北京大学研究生学志,2016 年合刊.

网络确已成为高校大学生重要的生活方式，是学习、生活、交友的关键渠道，同时也是思想塑造的重要环节，这为有效的网络参与提供了前提和基础。这里有必要区别下日常的"网络利用"和"网络参与"之间的区别。据统计，截至2023年6月，我国网民规模达10.79亿，其中手机网民规模达10.76亿，网络为人们提供了极大的便利，也成为学习生活的重要工具，但是充其量这些仅是"网络利用"。而网络参与的内涵和要求要比网络利用丰富和苛刻很多，主要表现在：首先是强调主体性。日常学习和生活中，很多时候是被动卷入，网络学习和生活多是无目的性，高校大学生不少是消遣时间或者无效社交，但是网络参与则强调主体对于网络的强驾驭性，以清晰的主体性思维进入网络。其次是强目的性，相比于网络漫游，主体参与的网络在线非常注重参与目的，以及参与目的的是否实现，将参与行为和参与目标紧密相连，也使得参与行为本身的效用大大提升。再次是关联性。网络参与将自己和他人、网络和现实，以及学习和娱乐明晰分界的同时，还有效关联资源，提升资源利用的有效性。最后，网络参与强调主体的身心融入。网络上的参与行为除了要借助身体、注意力外，还注重身体和心理的共通协作，获取知识同时，融入情感反应，包括喜爱、排斥、憎恶、偏好等。

从不同角度把握参与方式会有所差异。从参与的意愿看，分为主动参与和被动参与；从参与内容看，主要考察参与的主体性、参与的社会性质以及参与的能力等方面。

1.3.1.4　网络参与的要素

1）网络参与能力

参与能力直接影响着参与有效性的程度。高校大学生在网络时代的参与活动是在新媒体的环境之下进行的。大众传媒影响的广泛性和深刻性，与高校大学生的猎奇性、创新力一旦结合，便会形成值得理论和实践进行探索的有趣的互动关系。由于新媒体的影响，参与网络进行学习和生活，不仅是探索社会和自己的重要路径，同时也在不断关联着社会和世界，衍生出纵横交织的社会关系网络，点对点、点对面、面对面的传播互动，促进了个体与个体、个体与组织、组织与组织的有效互动。目前存在一个网络参与的矛盾之处，即青年社会参与的意愿度与社会参与的实际水平不相匹配，也就是说"人们有着高参与意愿但参与水平很低"，这和社会整体的参与现状一致，技术发展日新月异，群体应对不断发展的现代化技术既好奇新鲜，却有时又力不从心，即虽然大家的社会参与意愿度较高，但是其社会参与方面的需求并不能得到充分的满足，还不具备一定的网络应用和参与能力。而这种参与能力，除了需要学校教育之外，还需要个体进行有意识的观察、学习、请教、领悟以及实践等。在社会环境以及高校大学生学习和生活方式发生重大转变背景下，这种能力比以往任何历史时期和发展阶段所展现出来的要求都更为重要。

2）网络参与动机

从当前技术支持水平看，网络作为重要的生活方式，在参与过程中思想状况如何？抱有何种目的？对他们产生了什么影响？和他们的行动轨迹之间有哪些内在关联？参与过程中的情绪体验如何？以上我们需要把握他们参与网络的行为规律，同时在分析参与能力、水平和行为规律的基础上，准确把握主体参与网络的思想观念和价值取向。当前网络参与过程中的表现多样，但是客观上存在一定的风险，主要表现为对主流价值判断的不稳定性，比如道德行为评价的多元标准、普世价值的热心推崇、核心价值的模糊化等。从网络自身特征看与生俱来带有多元化和平等化特征，它弱化特权，帮助人们从传统道德责任和权威约束中释放出来，被赋予更多的自主性，人人在网络上都有发声的资格和权利，话语权不断均等化。但是同时也对高校大学生的思想状况和价值判断能力提出要求，多元的网络文化背景更容易模糊高校大学生的价值方向，受到西方思潮和价值观念的冲击，以及一些不恰当生活方式的影响。面对纷至沓来的信息，如果缺乏一定的鉴别力和判断力，容易陷入相互冲突的道德选择而在日常行为中无所适从，进而走向个体的无意识性和无批判性。近年来年轻人的思想呈多元化趋势，西方意识形态侵入从未停止，如何用社会主义核心价值体系实现对网络时代参与的有效引领？如何在复杂的网络时代保持清晰的思想脉络把握？这些要求我们必须对网络参与的思想状况有一个全面、准确的分析和把握。

3）网络参与行为方式

对于网络参与行为规律的分析和把握，是研究施教者和教育对象的双方互动参与，以及在此过程中的互动反馈的规律，目的在于有效把握网络参与的需求、动机、目标，旨在促进高校大学生的有效参与，形成正确的参与方式。参与分为个体参与以及组织参与，不仅是个体的过程和活动，同时也是社会互动的过程，尤其是相似年龄和身份的个体，由于相似的兴趣和爱好，以学校、社团等为依托形成网络圈层和网络趣缘群，在新媒体技术的运用和推动下，网络参与的组织性不断提高，有组织的公共网络参与活动明显增多，高校大学生形成网络组织的方式更加灵活，体现了网络时代公共参与的行动规律，对于公共参与而言，也体现了发展趋势，对此展开研究能够较好地认识和理解网络时代公共参与行动逻辑。

1.3.1.5 高校大学生网络参与特点

1）主体性凸显

高校大学生开始由依赖性较强的青年期走向完全自主的成年期，面对复杂的社会环境，着眼新时代高校大学生主体性构建的思想政治教育的使命之一，就在于引领高校大学生成为自己学习工作的真正主宰者，使其内在本质力量和主体精神在自我意识的觉醒中得以强化，并为主观能动性的释放创设先决条件。具有主观能动性的"活生生的人"，引导高校大学生在自省自觉中升华人格，完成自我实现。

2）方向多中心

高校大学生的网络社交范围不断拓展，随着网络的不断优化，其参与网络呈现出多中心模式，形成以家庭、学校、同辈群体等多个社交范围为中心的多元模式，社会影响因素越益明显，参与方向越益延展，多元化和多中心的社交模式形成了复杂的参与网络，与此同时价值观也呈现出一定的多元化与不确定性。

3）参与率高获得感低

上网无疑成为普遍的生活方式，据中国互联网络信息中心（CNNIC）发布的第 38 次《中国互联网网络发展状况统计报告》，2016 年上半年中国网民人均每周上网时长为 26.5 小时，折算成每天上网时长 3.8 小时，可以说至少有 50.76% 的高校大学生比其他网民每天上网时长多，表明高校大学生对互联网的依赖程度普遍很高。对照思想政治教育效果看，目前全国实施的思想政治教育从广度和深度看都有了很大程度的拓展，人们对思想政治教育的重视程度有了很大提升，尤其是网络思想政治教育受到前所未有的重视。然而从本书实施的调研看，其参与的方式、关注的网络内容、带来的实际效果等都未能与新时代思想政治教育的要求相匹配。

1.3.2　网络思想政治教育的理论阐释

1.3.2.1　国外场景理论研究

"场景"一词的提出可以追溯到 20 世纪 60 年代初期，最早是由美国社会学家和人类学家欧文·戈夫曼（Erving Goffman）提出的。他在其著作《演出的自我》（*The Presentation of Self in Everyday Life*）和《行为的秩序》（*Behavior in Public Places*）中，提出了"场景"（frame）这一重要概念，用于描述人类社会中各种行为和互动的背景和情境。在戈夫曼的理论框架中，场景指的是人们行为和互动发生的具体环境和情境，包括空间、时间、人物、角色、目的、情感和文化背景等因素。每个场景都有其独特的规则、期望和约束，人们需要根据场景的特点来调整自己的行为和表现，以便获得社会认可和成功。简而言之，戈夫曼是将人类社交中的行为类比为剧院中的表演。他认为人们在日常生活中不断地进行自我表现和角色扮演，从而创造出一个社会的"舞台"。戈夫曼的拟剧理论强调了人际交往中的互动性和复杂性，同时指出了人类社会的多层面性和多维度性。

戈夫曼的"场景"理论被广泛应用于传播学、社会学、心理学、人类学、交际学等多个领域的研究中,对于理解人类行为和互动的背景和情境具有重要意义。国外场景理论的应用各领域主要有以下方面。

1) 传播学领域的研究应用

"媒介场景理论"最早是由美国著名传播学者约书亚·梅罗维茨提出的。他指出,电子媒介作为信息系统,正是通过改变人们的交往场合的方式来促使人们的行为发生变化。该理论有三个要点:第一,应视场景为信息系统;第二,独特的行为需要独特的场景;第三,不断发展变化的媒介在使得社会场景发生变化后,紧接着又会使得现代社会的人的行为方式发生改变,而电子媒介对社会变化所产生的巨大影响最令人瞩目。如今看来,变迁中的媒介环境构建的社会互动关系日趋复杂、深刻。但是"中区""空间""情境"等都不是永恒的。

2) 商业领域的研究应用

最早提出"场景"概念的是著名记者罗伯特·斯考伯和资深专栏作家谢尔·伊斯雷尔。他们提出通过"场景时代"的五大技术趋势(也被称为场景五力)即可穿戴设备、大数据、传感器、社交媒体、定位系统的重要性,认为场景会在未来电子商务领域甚至更多领域改变人们的生活模式,未来会有越来越多的以场景为基础的服务。

3) 设计领域的研究应用

在交互设计领域,John Carroll 是提出以场景为基础的设计思想的先驱之一。他将场景理论应用在人机工程学中,主张场景理论可以帮助设计师更好地理解用户在使用产品或服务时所处的情境和需求,通过深入理解场景,设计师可以更好地设计出符合用户需求和期望的交互方式和界面设计。Vincent 等人指出,场景在优化医疗设备和医疗软件的设计和功能方面发挥着不可忽视的作用。Morten Hertzum 认为,在大型信息系统的概念设计过程中使用场景可以帮助设计团队更好地了解用户的需求和使用情况,从而设计出符合用户需求的信息系统,并提高用户体验。

1.3.2.2　国内场景理论研究

1) 场景理论在新闻与传媒学科中的应用研究

从传播学的角度进行研究,彭兰的《场景:移动时代媒体的新要素》是我国比较早期的一篇研究场景的论文,她在文章中指出,移动传播的本质是基于场景的服务。场景包含空间与环境、实时状态、生活惯性、社交氛围这四种要素,这也是未来媒体的胜负手。从社交媒体与场景的角度进行研究,苗睿、王欣炜以移动互联网的普及、社交媒体的兴起以及消费升级的需求为研究背景,讨论场景化社交媒体将产品或服务与特定的场景联系起来,鼓励消费者参与和互动,增加消费者与品牌的互动机会,影响消费者的购买决策,指出了其中存在的一系列问题并提出建议。邓宝盈等人基于媒介场景理论，探讨虚拟现实网络直播的中区行为、场景建构和优化策略，通过阐述能够让用户感受到身临其境的虚拟现实场景，为用户制造更真实的体验，可以通过不断地创新和优化，拓展更多的应用场景，满足用户需求，从而实现更加长期和可持续的发展，具有广阔的发展前景。麻小影等人以媒介场景理论的角度，以新闻网络直播为例，探讨了媒介场景技术能够改变传统场景与行为之间的关系，从而拓展了用户的互动体验和数字内容的应用场景，提升了数字化时代的用户体验和营销效果。

2）场景理论在文化学科中的应用研究

从城市文化场景的角度进行研究，陈波等人以场景理论为核心，基于历史和传统文化，强调人性化的设计理念，以人的需求和感受为出发点，对我国 31 个城市的文化舒适物进行实证研究，通过多种形式对其进行数据采集，最终形成一个文化场景评价体系，并以模式识别的方式筛选了城市的场景模式的特征性维度。蒋梦恬等人基于场景理论的研究框架，通过分析文化实践和城市空间的关系，说明当前城市公共文化空间服务呈现的三大特点，并指出了我国绝大部分公共文化空间存在的问题，针对问题提出了一系列优化策略，对促进城市公共精神培育具有重要意义。从文旅融合和文化动力的角度进行研究，黄琳等人基于场景理论，围绕浙江旅游区域乌镇模式及其场景，从五个方面详细说明了其发展的内在逻辑，强调场景理论可以用来指导旅游场景的设计和实现，以实现文化体验和文化交流的目标。

由上可见教育领域中进行场景研究是发展的重要趋势。通过以上不同学科和领域对场景应用研究的提炼和概括，思想政治教育场域可以简化理解为是教育"现场"，它可以是学习者所在的真实现场或亲眼所见、亲身经历的真实景况，也可以是通过技术摄取，将真实现场网络端输到学习者的接受终端设备，以及通过技术制作利用虚拟现实和增强现实技术创设的虚拟或仿真的"现场"或场景。教育场域的构建会引发教育诸要素的深刻改变，能促发学生积极探究的主动精神、学以致用的学习习惯，从而使学习能力真正得以提升。

1.3.3　网络思想政治教育情感体验的理论阐释

1.3.3.1　情感体验研究溯源

体验研究目前逐渐进入理论视野，作为本书研究的重要关联范畴，有必要对此概念作简单梳理。目前关于"体验"的研究主要表现在四个方面。

一是文化哲学领域。中国素有重视体验的文化传统，讲究体用不分的"体验型思维"。中国的两大主体观念文化都有重视体验的传统。《论语》《学记》等文本强调并实施乐游教学法、互善教学法、晓喻理教学法等。殷周的"周易文化"和

"阴阳五行文化",以及"道家文化"和"儒家文化"形成的基本途径都是通过体验。

二是教育学领域。"生活体验论",社会即学校,有生活教育理论(陶行知,1933)、张扬自由个性论(蔡元培,1931)等,发展到当代教育学后,已将"体验"与认知既相区分又相关联,注意到体验是一个"完整的教育过程"的有机组成部分,主要有"情感体验论"(朱小蔓,2002)、认识论(闫守轩,2004),在"情感体验"的维度取得了较大的进展。诸如教育过程即为认知、体验、践行活动结合论(鲁洁,2000)、活动—体验型德育模式(班华,2001)、教学要素设境法(霞娟,2021)等。

三是心理学领域积累了有关情绪(体验)的价值研究,如认识论(闫守轩,2004)、心理发生过程与机制(张鹏程、卢家楣,2012)、体验是人的存在方式说(王一川,1999;刘放桐,1990)。

国外的实践教育有其丰厚文化基础,"体验"教育的提倡比较悠久,主要体现为体用分立型传统。一是哲学领域为体验争地盘的研究,主要集中在对理性主义哲学传统的消解,从而使体验浮出水面。主要代表人物有强调实践的感性物质活动(马克思,1848)、体验为意义统一体(胡塞尔,2006)、(海德格尔,1959)、"存在认知"为"高峰体验"的心理状态(马斯洛,1995)。二是哲学领域对体验的价值的研究,主要集中在证明体验是人类生存的基本方式,体验为经历再构造(加达默尔,1997)、直觉体验论(柏格森,1927)、生命体验说(狄尔泰,1906)等。三是心理学领域关于心理体验的价值与心理体验状态的研究,情绪体验情境论(利珀,1959)、"自我感受构成情感过程"(诺尔曼,1989)等。四是在教育哲学领域,开始了对认知主义的消解,注意到经验、活动、情感体验的教育价值,有"生活即教育"论(杜威,1896)、"教育快乐体验"(苏霍姆林斯基,1950)等。

综上,有关"体验"研究呈现三个趋势:一是关注对象——尊重时代发展,关注社会发展变化,以存在的"问题"为导向;二是关注领域——逐渐从整体趋向个体,内容和方法都更关注个性的微观研究;三是关注范式——将教育融入日常观念和日常规范,注重对教育体系进行微观建构。

1.3.3.2　核心概念文献计量分析

通过思想政治教育、获得感、体验、情感、场景 5 个关键词在知网进行高级检索,选取 2012 年 1 月—2023 年 1 月的 SCI、EI、北大核心、CSSCI、CSCD、AMI 文献,共检索出 2 174 篇文献,并对记录中的信息进行文献计量分析。

1) 发文总趋势图

由曲线图可以看出思想政治教育获得感类型文章的发文趋势,2012—2013年呈上升趋势;2013—2015 年发文数量逐渐下降,同时 2015 年的发文数量要低于 2012 年;2015—2023 年发文数量逐渐上升,2023 年发文数量最多,如图 1 - 1 所示。

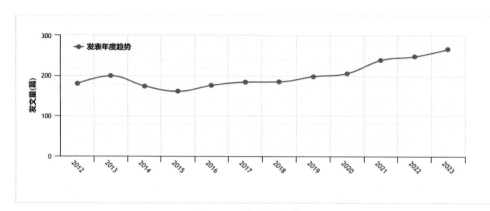

图1‑1　发文总趋势图

2）概念共现图

关键词共现图谱是对各关键词之间共现关系的直观反映，能够揭示一个研究领域的研究主题动态演化的宏观历程。学界对网络思想政治教育主客体的研究经历了一个由点到面再到体系的嬗变过程，在思想政治教育获得感研究中，场景、体验、情感是最高频出现的三个关键词，如图1‑2所示。

图1‑2　关键词共现图

关键词排名，如表1‑1所示。

表 1-1　关键词排名表

排名	频次	年份	关键词
1	1105	2012	情感
2	651	2012	体验
3	396	2012	场景
4	94	2013	质性研究
5	83	2012	认知
6	58	2012	理性
7	37	2017	获得感
8	24	2012	道德
9	24	2012	价值
10	22	2012	情绪
11	21	2012	审美
12	19	2012	文化
13	19	2015	叙事
14	19	2013	伦理
15	19	2012	情境
16	18	2012	音乐

首先,围绕这三个关键词,其辐射的领域不断展开,这种场景体验的获得感,与诸如在电影领域、音乐、艺术中的感染力和效果相近,这些通过艺术表达场景中的人有身临其境的感觉,也更加能够感受到其传达的价值和思想,目前学界也正在探索借助这些艺术或者类似手法的表达增强获得感的提升。

其次,提升获得感的路径研究。在以下的关键词共现图中,提升获得感的路径有互动、设计、叙事、交互等,获得感的主要来源在于多方之间的交互,尤其在网络环境中,互动过程中的沟通、情感共鸣等有助于获得感的提升。除此外,有关思想政治教育网络场景的设计、叙事的讨论逐渐增多,在场景—叙事—获得感之间建立有效关联,拓展了思想政治教育实效性提升的研究思路和视角。

最后,从关键词排名看,自 2012 年开始,思想政治教育研究领域中“情感”范畴开始进入,一定程度上标识思想政治教育由供给视角转换为需求视角,由注重外部导入开始关注教育对象的内在心理契合。由情感范畴辐射,逐渐向“场景”

"体验"的研究领域拓展。与此同时，在获得感的关联下，思想政治教育与其他学科融合的趋势愈加明显，诸如艺术、伦理、美学等，如图 1-3 所示。

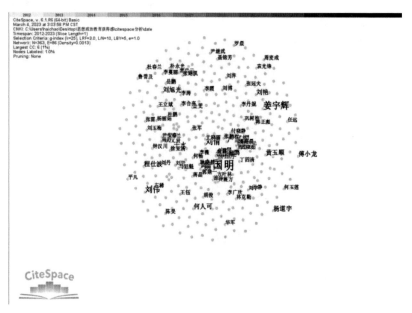

图 1-3   作者合作网络图

3）作者发文排名

作者发文排名如表1-2所示。

表 1-2   作者发文数量排名表

排名	频次	年份	作者
1	11	2016	喻国明
2	6	2020	姜宇辉
3	4	2012	刘倩
4	4	2012	卢家楣
5	4	2015	刘伟
6	3	2012	杨道宇
7	3	2013	何人可
8	3	2014	傅小龙
9	3	2014	黄玉顺

（续表）

排名	频次	年份	作者
10	3	2017	刘旭光
11	3	2020	于水
12	3	2020	刘艳
13	3	2020	程仕波
14	3	2022	冯舒
15	3	2022	唐正宇
16	3	2022	杨志鹏
17	3	2022	汤沫熙
18	3	2022	郭晨

　　由作者合作网络图可以看出，在思想政治教育获得感类型文章中，单一作者发文占绝大部分，两人及以上的作者合作发文较少。发文数量最多的作者是喻国明，在思想政治教育领域发文有 11 篇。其次是姜宇辉，有 6 篇。具体发文数量排名可以参考表 1-2 发文数量排名表。

　　4）关键词聚类图

　　如图 1-4 所示，关键词主要有场景、情感、体验等。

图 1-4　关键词聚类图

5) 关键词时间聚类图

如图 1-5 所示。关键词聚类分析可展现研究热点词汇，利于深入了解思想政治教育研究的发展动向。本研究采用 K 聚类法，运用 LLR 算法对思想政治教育获得感 2 174 篇文献进行关键词聚类，绘制关键词聚类图谱(见图 1-5)。聚类结果显示，聚类的模块值(Modularity)$Q=0.5043>0.3$，平均轮廓值(Mean Silhouette)$S=0.8854>0.5$，表明此次聚类效果良好。

通过对关键词知识图谱进行聚类分析，探讨思想政治教育获得感研究主题和演进趋势可以发现，形成的类团以高频标题词为中心聚集，截取 11 个关键类团组成的时间线图谱，分别为情感、体验、场景、认知、审美、电影、设计、仪式、思想政治教育、后真相、用户体验、隐喻。

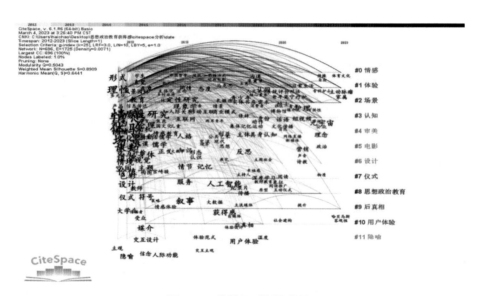

图 1-5　关键词时间聚类图

6) 关键词突现图

由图 1-6 可以看出排名前 24 的关键词突现情况。如关键词"短视频"从 2021 年开始出现在思想政治教育类型文章中，并持续到 2023 年。

Top 24 Keywords with the Strongest Citation Bursts

Keywords	Year	Strength	Begin	End	2012 - 2023
色彩	2012	5.71	2012	2015	
电影	2012	5.45	2012	2013	
音乐	2012	5.01	2012	2014	
文化	2012	3.88	2012	2017	
艺术	2012	3.36	2012	2013	
隐喻	2012	3.02	2012	2014	
设计	2012	2.93	2012	2015	
性格	2012	2.59	2012	2014	
动机	2013	3.11	2013	2014	
社群	2016	2.71	2016	2017	
记忆	2016	2.65	2016	2017	
获得感	2017	7.69	2018	2021	
实体书店	2018	3.19	2018	2021	
反思	2018	3.19	2018	2021	
情境	2012	2.59	2018	2021	
人工智能	2017	3.15	2019	2020	
认同	2019	2.68	2019	2020	
大学生	2012	4.55	2020	2021	
护士	2020	3.69	2020	2023	
身体	2013	3.57	2020	2021	
老年人	2020	2.95	2020	2023	
质性研究	2013	12.46	2021	2023	
护理	2020	6.02	2021	2023	
短视频	2021	4.16	2021	2023	

图 1-6　关键词突现图

思想政治教育研究视野逐渐拓宽,研究的内容也在不断和其他学科交融碰撞,研究的领域逐渐向"人"以及"人"和社会的关系集中,向"人"的内在探索,建构起人的内在和外在的关联通道。当然,由以上分析可知,该研究的进一步方向可以概括为如下方面。

第一,进一步丰富研究主题。现有研究文献主要围绕情感、体验、场景、认知、审美、电影、设计、仪式、思想政治教育、后真相、用户体验、隐喻等主要话题开展"思想政治教育获得感"探索性研究与实践。在今后的研究中,可以不断丰富拓展研究主题。一是围绕思想政治教育获得感本身的理论研究。思想政治教育是一门独立的学科,它涵盖诸多理论知识,如哲学、政治学、教育学等。通过对思想政治教育获得感的理论研究,可以深入了解它的基本原理和方法论,探究其理论体系的内涵和外延。这种研究对于完善思想政治教育的理论基础、加强教育实践的科学性和有效性,以及推动思想政治教育的不断发展具有重要意义。二是围绕思想政治教育与数字化时代之间关系的研究。数字化时代带来了各种新的媒介和技术,如社交媒体、虚拟现实、游戏等等,这些新的媒介和技术对思想政治教育内容的制定和传播产生了影响,可以探讨数字化时代如何改变思想政治教育内容的形式和内容,以及数字化时代如何影响学生的接受和理解;同时,数字化时代带来了许多新的隐私和安全问题,如网络安全、数据泄露、信息操纵等等,探讨数字化时代下的思想政治教育如何保护学生的隐私和安全,以及数字化时代下的思想政治教育如何应对信息操纵等问题。

第二,思想政治教育加强原点问题研究。教育的人本观念是指将学生作为整个教育过程的核心和重点,关注学生的全面发展和个性化需求,将学生视为具有独特价值和潜能的个体。目前在思想政治教育中存在着功利化和工具性的趋势,是指将教育仅仅视为一种达成某种目的的手段,而不是将其视为学生个性化发展的重要过程。这种教育方式强调短期的目标和效益,忽视了学生的情感需求和长期的全面发展。在这种教育方式下,学生可能会被教成一种机械的学习者,而不是具有思维能力和自主性的个体。这种教育方式还会导致教育资源和机会的不平等,因为只有那些符合标准和要求的学生才能从教育中获得真正的收益;而那些不能达到标准的学生,或者那些因为某些原因无法接受标准化教育的学生,则可能被边缘化和排除在教育之外。许多学校和家长过度强调学生的考试成绩,而非关注学生的个性和全面发展。忽视学生的情感需求和缺乏人本观念也会导致学生的精神健康问题,如焦虑、抑郁、自卑等。因为学生不仅需要知识和技能,还需要被尊重、被关心、被认可和被激励。如果教育只强调知识和技能的传授,而忽视这些情感需求,则可能会给学生带来负面的影响。

1.4   研究方法和研究框架

1.4.1   研究思路与研究方法

1.4.1.1   研究思路

本书立足于高校大学生思想政治教育的创新,提升思想政治教育的实效性,本书主要基于对以下现实问题的思考:目前思想政治教育获得感提升遭遇的瓶颈是什么? 网络参与对提升思政教育获得感主要基于什么样的机制? 在思政教育获得感提升上网络参与如何克服了现实参与的不足? 进而分析在网络思想政治教育的全新场景中,分析高校大学生思想政治教育过程中情感体验机制,剖析情感体验和场景构建的内在机理,归纳网络思想政治教育过程中情感体验缺失的表现与深层原因,进而提出网络思想政治教育场景构建路径。

1.4.1.2   研究方法

1) 问卷调查法

问卷调查法的实施是通过控制式的测量对所研究的问题进行度量,从而搜集到可靠资料的一种方法。相对于其他研究方法问卷调查法更加详细、完整和易于控制,对于了解高校大学生网络参与现状以及情感体验状况有着重要意义。

本书研究过程中就网络参与的方式、频次、目的、参与内容等进行问卷调研,在具体的方法与技术上,第一阶段通过深度的访谈或者参与观察来获得定性数据,并运用理解法和归纳法进行分析;第二阶段通过问卷调查来获得定量数据,并对其进行回归分析和因子分析。

2)比较研究法

它是应用最为广泛的一种科学研究方法,对文献材料进行比较分析,对调查采集的数据资料通过比较进行整理加工,并用比较的方法对整理后的资料进行定性和定量分析,从而形成研究结论。主要就两个方面的主题进行比较研究:

(1)开展网络参与和现实参与下思想政治教育获得感的比较研究,揭示网络参与思想政治教育获得感的特点与规律。

(2)探究不同类别高校、层次、参与内容等对高校大学生网络参与行为有影响的因素,运用配额抽样与简单随机抽样相结合的方式进行,并用逻辑推理法来整合分析所有材料以得出恰当结论。

3)文献研究法

文献研究法是指依据现有的理论、事实和需要,对有关文献进行分析整理或重新归类研究的方法,它是本书研究的基础方法。目前在学界积累了一部分人的研究观点和内容,以此作为本书研究的基础,在前人观点的启发和开拓下开展本研究。根据课题研究需要,查阅、分析、整理相关历史文献资料,全面、准确了解思想政治教育获得感和网络参与的发展脉络。

1.4.2　研究框架

本书分 7 章内容,主要按照“问题呈现—原因分析—探索路径”逻辑展开。

第 1 章网络时代的高校思想政治教育。主要介绍研究背景、研究价值、理论意蕴以及研究方法和研究框架等。在分析当前时代背景基础上,提出网络思想政治教育获得感的价值目标和意义,包括对一些核心关键词的解释。进而提出网络思想政治教育获得感的理论意蕴。

第 2 章网络思想政治教育的场景建构。主要从几个方面阐述高校网络思想政治教育出现的新要求和新变化,网络思想政治教育场景进行价值嵌合、内容契合、方式耦合的路径。

第 3 章主要阐述高校大学生情感体验在网络思想政治教育获得感中的生成要素、条件和机制等。

第 4 章主要对高校大学生网络思想政治教育获得感调研情况进行分析,进而剖析阻碍获得感生成的梗阻。

第 5 章分析高校网络思想政治教育获得感生成的理论逻辑,主要从主体强化、情感嵌入视角阐述，同时梳理了情感体验、场景建构和网络思想政治教育获得感之间的内在关联。

第6章阐述主体获得感增强的实践逻辑，主要从观念变革、模式重构、主体建构和情感体验角度分析。

第7章高校网络思想政治教育主体获得感增强的有效路径，提出要在场域整合、情感体验、供给创新、场景设计以及评价方式等方面予以增强。

第 2 章

场域建构：网络思想政治教育场景

2.1 高校网络思想政治教育新要求

2.1.1 思想政治教育价值实现形式变化

上网已然成为高校大学生重要的生活方式,同时当下的思想政治教育价值实现形式已经发生了巨大的变化,网络对于高校大学生的价值塑造产生重要影响,它是一把"双刃剑",一方面网络信息有助于人们认知扩展深化,信息获取内容和手段多元化,有助于提升思考能力,但是另一方面扑面而来的良莠不齐的信息,对于高校大学生的信息辨别能力和采集能力也提出更高的要求,限制了自身的思辨力,高校大学生难于辨识和分辨真伪,他们在网络强大舆论影响力下,时不时受到信息裹挟的风险,在网络上会产生"看齐"和"一致"的内在心理以求融进集体,这种担心被排斥的心理容易在网络漩涡中成为"乌合之众",因此分析网络对思想政治教育塑造的内在机制显得尤为必要。当下网络为思想政治教育带来的变化主要表现为以下方面。

1) 网络带来的交互性和链接性

交互是网络方式存在的基础,通过交互思想政治教育的范围得以拓展,教育对象得以延展,教育方式更加丰富,教育内容趋于多元。通过网络能够将教育中的多种要素,诸如教育者、教育对象、信息和场景等建立前所未有的紧密连接,并且生发出要素整合的能量,使得教育效果跃上新台阶。通过网络的无限链接性特征,能快速延伸到诸多的知识范围,以及类似的情景之中,教育的形象性、生动性不断增强。

2) 技术性和体验性

网络技术是网络社会形成和发展的基础,也是网络社会架构的支撑,在这样的社会建构模态中,无论是网络个体的存在还是网络之间的人际交往,都是以数字符号形式表现,这使得网络思政教育的价值实现毫无疑问带有技术性特征。

但是这种技术同时也附带着价值资源，不仅其本身带有开放、创新、平等、共享的正向积极的价值观念，同时技术所传导的内容也带有价值特征。此外网络平台的虚拟性特征，作为高校大学生用户要想从中获得价值感受还需要在线体验，以保证信息的获得和处理能够及时展开，网络思政教育的价值在很大程度上就是以在线的形式完成和实现的①，概括讲即指"在场"，是学生的感官感受与信息虚拟输入、输出之间的匹配，沉浸性是体验的目标，它通过在场感影响体验者情绪，高沉浸度有助于良好的在场体验，同时提升教育的效果。虚拟现实为思想政治教学提供了情绪感知通道的信息来源，网络虚拟体验的技术功能，将体验者"拉入"场景的方式，在场感使体验者认为产生的情绪是真实的，这种体验为教学中操作性缺乏的情绪体验提供了可行的途径。

3）形式上纷繁供给对深层价值的遮蔽

价值观教育更多需要增强主体自身判断力。网络空间中的知识和信息丰富、获取知识和信息的手段便捷，但是却形成了网络环境和网络知识的独特性与人类认知能力的有限性之间的矛盾，当下用信息多寡形成的"知识鸿沟"已经慢慢地消失，但由于判断力强弱所导致的"智沟"却愈加明显。这个现象被有的学者称为网络知识里面的"奥威尔现象"。知识丰富，载体多元，但是我们的判断力为何这样贫乏、窄化以及易于陷入被欺骗？深究其原因，主要是因为现代网络技术智能化的选择性信息推送，因为人类难以避免地存在认知上的盲区。信息的生产成本和运输成本下降，导致了信息超载的强势冲击，对个体的时空压迫和精神消耗导致接受信息时出现"收益递减律"，个体无法理性地控制和经营网络的生活使自己的认识能力、改造能力下降，甚至逐渐沦为信息的奴隶，导致自我异化。缺乏甄别力的学生面对着泥沙俱下、沉渣泛起的网络容易陷入一种真伪难辨的窘境和一个还没有找到解决路径的悖论。"当公众对一切都无法相信的时候，那么他们就会相信一切。"再加上媒体常常热衷于追求负面的新闻和轰动效应，偏向于把负面信息加以过分渲染然后满足学生们的猎奇心理，反而选择性忽视或者沉默地对待思政教育中的正面信息、已取得的成效，这证明了风险感知研究方面的专家斯洛维奇提出的"不对称法则"，也就是消极事件比积极事件更加吸引人的眼球，坏消息的来源比好消息的来源更加可靠。学生具有"听一半、理解四分之一、零思考、双倍反应"的信息接受反馈特点，在这样的情形下，大众传媒对于个案事件进行放大、呈现错位效应，容易让学生降低对教育者的信任感和期望值，使学生难以客观公正地看待思政教育的举措。过量的负面导向，也容易使学生对思政教育怀有一种超然的态度甚至是悲观主义的情怀，在某种极端情

---

① 董兴彬，吴满意.关于网络思想政治教育价值实现问题的思考[J].重庆邮电大学学报(社会科学版)，2014(5):73-74.

绪化的情形下会严重地怀疑和全面否定思政教育的质量①。

4）价值观教育不仅实现整体目的同时也是实现个体生命意义要求

价值观作为一种内在精神体现，并不完全等同于价值规则和规范，是立足社会和他人相处的精神状态和存在，它固然与教育密切相关，但是教育的重要目标之一在于激发人的良好精神状态，以及对于生命意义的不断探索，生命意义其实是价值观的重要表现以及效果显示。作为个体建立在对自身、社会以及人与社会之间的经验总结和反思基础上，对生命状态和人生根本看法、社会关系的认识与建构以及对未来的期待。在此基础上，思想政治教育始终起着帮助个体形成积极的价值观和塑造正确的人生观的作用，并且随着时代的发展与时俱进，除此之外，价值观涉及对生命意义的整体把握，与人的存在问题紧密相连。

2.1.2　高校思想政治教育传播形式变化

与专业知识的教育不同，思想政治教育承担着立德树人的根本任务，它不仅是传授知识，更是价值立场和价值观念传递和渗透的结合，高校大学生尚未步入社会，价值观尚未成熟，传授和接受知识是其目的的一个方面，但更重要的是作为传递价值观的途径、载体，通过相关的知识传授来传递对应的价值观、价值取向或是核心价值观，才是思政教育的真正目标和本质。传统教育形式的传播形式主要是通过课堂讲授、讲座或者单调的实践形式，这些对于思想政治教育价值观教育有一定的作用，也是必要的传播形式，但是时代在发生巨大变化，教育对象的偏好和需求也在发生变化，原有的传播功能有限，传播范围狭窄，传播渠道单一，大大约束了思想政治教育的传播成果。随着信息科技的发展，信息的获取和传播有了越来越多的渠道，智能手机的更新换代以及高速网络的支持，使得App 的功能也更加强大。自媒体时代，微博、微信、抖音等热门软件受众多，宣传面广、传播速度快，影响力大，使得思想政治教育逐渐摆脱原有的单向传递、话语传递、知识传递的约束限制，在技术赋能下，促进了双向多向反馈、话语和多媒体的多元使用、知识和情感价值观多元传递的趋势。传播过程中始终坚持社会主义核心价值引领和渗透，需要做到：第一，思想政治教育的创新始终围绕着立德树人的根本任务，坚持正确的政治方向是根本宗旨，根据社会主义的伦理、法律、政治等主流价值观规则确立的基本算法。人工智能的发展是社会进步的积极成果，促进了思想政治教育创新，思想政治教育需要借助现代化技术手段，传播国家主流价值，弘扬中国社会发展成果，让高校大学生看到社会发展的具体成果，当然更重要的是让他们感受到取得的辉煌成果在于中国共产党能、中国特色社

---

① 陶志欢.当前思想政治教育质量提升困境及其应对[J].中国青年社会科学,2020,39(01):70－77.

会主义制度好、马克思主义行的关键逻辑，避免科技的发展失去正确的政治方向导致陷入信息茧房、工具主义等问题。第二，施教者进行正确的价值观引领。教育者高的政治站位、崇高的理想境界、坚定的信念等是价值观引领的直接影响因素，同时人工智能本身也传递着价值功能，诸如包容、平等、开放等，在发挥技术过程中，能够帮助教育对象享有公平、优质的学习机会，这也是价值渗透的表现。第三，科学技术推动思政教育的过程中，传播形式并不全是技术的革新，同时也彰显了人自身的革新以及自主性的促进，学习和教育的真正目的还是在技术的帮助下让个体获得最大的自由，从中得到获得感和幸福感，主体性不断得以提升。在这样的主流价值引领和坚持下，当代思想政治教育的传播形式需要贴近高校大学生的喜好和需求，以"润物细无声"的方式，潜移默化地施以影响和渗透，以更加灵活、具象、生动的传播方式，承载思想政治教育的价值内容。

由于网络传播深刻影响着人们思想观念和生存方式，并融入日常生活细节当中，思想政治教育传播的过程中需要不断贴近生存和生活发展需要，以不断提升思想政治教育的时代感和生命力。作为思想政治教育工作者以及高校决策者，需要紧跟时代浪潮，及时发现问题，优化教育模式，通过改变教学观念、更新教育手段、建立数字校园等方法，积极主动发挥现代化技术优势，使得思想政治教育的传播形式这一要素，能够在提升教育效果过程中发挥最大的效应。

2.1.3　高校思想政治教育接受形式变化

个体接受机制指的是价值接受主体的生理和心理状态、认识水平和外化能力等主观因素对思政教育价值实现过程的影响。从这样的意义上来看，传统的思想政治教育难以充分实现，究其关键原因是我们更多地关注了价值主体接受的社会机制，而不是作为社会主体的个体的价值接受，更多地考虑教育者所代表的社会主体价值需要、轻视教育对象代表的个体主体价值需要，在一定程度上会使社会主体理性成为一种强大的引力，从而掩盖住个体主体理性和个体的情绪感受，把人当成了管理的工具[①]。

教育的实践证明了只有对于高校大学生的接受需求有意义、丰富的教育内容才能更加被接受，更加容易受到高校大学生的认可，也才能更加接近思想政治教育的目标。传统的思想政治教育内容更加强调政治性、理论性的教育内容，更加直白地表达社会价值和社会目标，这对于处于一定社会阶段和主体特征的时代背景下有其意义和作用，但是相对于目前学生的成长背景和接受要求而言，社会发展的一个重要标志是个体在社会进步的过程中更加丰富，在促进社会发展

---

① 刘丰林.论主客关系下思想政治教育价值的实现[J].湖北社会科学,2013(12):200+213.

中主体性以及与社会的良性互动更加明显,因此互动性、时代性的教育内容更容易被接受。和传统的教育方式相比较,现代的传播体系和传播过程,包括传播语言、传播介体、传播载体等与传统时代已经有了巨大差异。诸如传播的重要载体和形式,网络语言带有与教育语言的不同的个性化和跳跃性特征,且有浓厚的大众性、娱乐性和创造性的色彩,同时由于其形成大多来自网民,使用过程中具有天然吸引年轻人的优势,能迅速迎合大众的认同,因而网络语言的传播快速,能在短时间内快速形成"网络圈层",汇聚成特定的具有相似的心理群体。网络思想政治教育传播要顺应当下高校大学生的接受特征,充分利用有效、大众化的网络语言,多元化的传播媒体平台,技术效用的传播介体,同时还要积极创造出符合主流意识形态的话语方式和网络内容,只有这样才会有引领网络意识形态的可能。

在接受载体方面,互联网的发展促进了新媒体技术的普遍运用和掌握,随着微信、微博、App 客户端等网络衍生品不断出现,人们的交往空间、交往能力、学习媒体更加多样化,网络的共享能力越来越强。与此同时人的主体性得到充分展示,主要表现为借助于网络,高校大学生进行观点交流、沟通和交往,在此过程中不断形成自身话语权的支持系统,信息传播的迅捷性、议题的自主设置性、无界的交流环境等不断强化了主体性和主体行为,也给思想政治教育带来前所未有的挑战。思想政治教育者需要思考如何在多元的传播和情境下,以及主体性需求不断凸显的背景下,如何不断增强网络应用能力,如何利用互联网和它的衍生媒介,将传统的思政教育资源载体和网络载体有效衔接,不断整合、运用、开发并创新主流意识形态的网络平台,有效利用微信、微博、App 等新媒体,将之成为受众广泛的社会主义核心价值观传播的重要平台①。

思想政治教育价值实现是一个系统的社会过程和社会运动,它取决于教育多主体之间的间性关系,人一直是价值是否实现的决定性因素,尤其是要洞察人的需要和驱动关系上,在明确思想政治教育价值实现过程中,明确人的需要与价值驱动呈正比例关系,即需要越强烈,教育对象的价值接受活动越具有内驱力和持久性。价值接受过程中离不开教育者和教育对象的理解、评价、认同和选择。

2.1.4　高校思想政治教育主客体关系变化

传统思想政治教育的灌输特性,规定了教育者在教育过程中一直发挥主导和引领作用,教育对象处于被动和客体的一方。人与自然、人与人以及人与社会之间关系受社会实践塑造,时代产物网络的实践引发社会关系发生重大变化,教

---

① 张波,等.网络思想政治教育价值实现的矛盾与路径[J].重庆邮电大学学报(社会科学版),2016(5):70 - 71.

育关系中的主客体关系发生改变，最显著的表现是受教育者的主体性得到提升，网络的平等性、公开性、开放性等特性使得他们的被动地位发生根本改变，原有的被动接受思想也不断被主动表达、主动寻求所代替，他们在网络中主体性得以彰显。除此外，场域性是网络思政教育主客体关系产生和互动的条件环境，也是主体之间连接方式和交往关系的运行条件，网络思政教育的主客体之间的运动必定是在具体的网络场域中展开，每种场域具有特定的主体交往关系，于是就形成不同类型的网络思政教育模式。另外主客体之间的关系也受网络的流变性影响，变得更加复杂多变，网络交往的开放性环境，同时也是一个不平衡系统，在这个系统中信息自由流动，信息交换和节点连接呈现扁平化和去中心化，网络主体间非线性的相互作用等因素，使得网络环境中主体和客体关系无法始终维持在稳定的平衡状态，始终处于变化、建构和重构之中，呈现主体客体化和客体主体化的过程，教育中的引导者和教育对象之间的互动也就随之表现为交替重叠、相互转化的过程。

2.2　高校网络思想政治教育场域的价值嵌合

思想政治教育作为社会科学，无疑要立足于新的时代格局，在新的时代场域中进行观念变革。从国际看，世界正在发生剧烈变化，国际政治、经济、文化、安全等格局都在发生调整，国际之间意识形态斗争方式发生变化，越来越以隐蔽和多方位出击的模式进行交战。从国内大局来看，处于新时代背景下，我国正以更高昂和清醒的姿态，但是同时也是更艰难的环境下，实现由高速增长向高质量发展的阶段之中，国内的年轻高校大学生作为建设事业的接班人，担当大任，思想建设尤其关键。当下的思想政治教育开展必须围绕时代主题，回应好高校大学生对于时代和社会的关切，引导学生形成更加宽广的视野和胸怀。当下国内大循环为主体、国际国内双循环相互促进的新发展格局，思想政治教育要把握时代特征，总结中国发展规律，深入探索高校大学生的思想动态，把握好教育的关键时间点，利用多种渠道讲好"中国故事"。数字信息技术的高速发展，推动着思想政治教育传统优势与现代信息技术深度融合，思想政治教育信息化、网络化的趋势愈发明显。

学生在哪里，思想政治教育的阵地就在哪里。伴随网络技术的深入发展，网络思想政治教育的形式、内容一直在探索，网络思想政治教育不能回避以下命题：高校大学生的参与状况如何，如何有效吸引学生参与到网络思想政治教育的场景中？如何让高校大学生"到场"并能"入场"直至"在场"？回答这些问题就需回归思想政治教育自身，从所处场域出发，探讨场域的价值嵌合和指向问题。

任何一个现实和网络的场域，在思想政治教育的意义设定下，都不仅仅是简单呈现的空间背景，更加值得关注的是其价值的有形和无形的嵌入。与思想政治教育内容不一样，如果说内容是经语言阐释后产生价值引导，场域则是通过声音、视频、语言、环境、氛围等综合协同价值引导的过程，这种更加注重无声无形的场域价值引导，更加契合现代高校大学生的接受习惯和心理机制，它体现的是隐藏在故事或者案例背后的教育逻辑，比直接灌输来得要隐晦，而这往往更容易被高校大学生们接受，他们一般不喜欢被要求服从，不情愿处于单方面接受的境地，因此"无声胜有声"的教育场景有着重要的意义，作为一种特殊的精神生产活动，高校大学生思想政治教育是教育者和高校大学生通过网络信息技术构建信息共享、双向结合的良性互动，在这个过程中分享知识、交流经验、传递价值，实现精神共享。网络空间包含了网络信息技术的价值负荷，也彰显着人的主体性价值。时空、环境等学习场景是外在的特征，但"主体"和"思考"是学习场景的内核，场所不一定就是场景，场所仅仅代表物理性的空间，但是场景除了空间的意思表达之外，还包括意义、价值、主题的分享与认同，有学习的主体参与、思维的介入、价值的引领等。

2.2.1　思想政治教育场景的价值嵌合表现

1）场景是以"人"为中心的体验

"场景的中心是人"，只有参与其中的"人"才能赋予场景以意义，主体的思想性，以及主体行动的实践性和情境性特征和要求，使得场景的教育意义得以展现和彰显。场域理论开创者布迪厄认为：人的行动方向并非像人们想象中那样纯粹出于主观的抉择，或是主体性的极致发挥，而是存在于"惯习"和"场域"的引导中。人的行动背后如果说有实践逻辑或者行动规律的话，很大程度上说是基于场域与惯习，如此可以说场域对人的行为选择和方向具有客观性和前提性。从思想政治教育学意义上建构场域概念，"价值引领"和"聚焦人的生命成长"无疑将是场域的动力原则和核心场力，因为思想政治教育场景指向的是人的生命和价值的更新，思想政治教育在辨清教育实践中"成事"与"成人"关系的基础上，场域的设计就不能仅仅止于"事实"，更要注重的一点是，教育的价值是存在于人的成长价值中的，场域需要结合对人的教育进行价值与道德判断，在无形的场域中实现对青年高校大学生价值的塑造。教育场域建构的旨趣和目标在于，它并非仅仅是思想政治教育的环境或者某个要素，它更是关乎人格教化、生命意义和价值实现的积极力量，而这目前是比较受忽视的力量。在思想政治教育场景设计的过程中存在一种支配性逻辑，可以理解为始终指向"立德树人""善的养成""文明进步"等价值力量与实践取向，它使得教育场域真正发挥其影响和渲染功能，而且它作为一种核心牵引力决定和链接着整个教育场域的关系构型①。

2）场景连接方式

场景连接方式是展现这种连接方式过程中的关系形态。思想政治教育场域是一种以人的实践为基础、通过实践而形成的开放性关系结构或时空构型。教育场域并非仅仅是存在于学校空间中那种具有鲜明"目的—手段"特征的学校教育形式，而是存在于每个人的日常生活和行为实践之中，在人与人、人与自然、人与社会、人与文化的实践关系中，并具体反映为特定文化、社会与生活情境中具体人的价值倾向、伦理规范、道德行为与实践创造力。也就是说，教育场域一定是一种存在于人们的日常生活中并形成于特定主体及其行为实践的关系构型，其特性在于具有教育性，关系中的人可以获得人格成熟与完善，教育场域是一种具有历史性和空间性的时空构型，它包含了各种可视和不可视的关系形式，这样的教育场域遍布于日常生活与实践，呈现在各式各样的关系形式或状态中。学习场景的建构其实也是"关系场景"的建构。在场景建构中，重视人际环境的建构，特别是良好师生关系的营造，那么教学就有了更多的"等待"和"期待"。

3）场景思想政治教育要素的特定建构

网络技术的发展逐渐成为当今各行各业的重要驱动力和参与者，同时也在不断进行思想拓展和世界真相的探索。网络技术与思想政治教育融合的实践逐渐得到系统探索，在远程课堂、翻转课堂、微课堂等方面得到体现和嵌入。这些"大数据＋"的实践实现了思想政治教育领域广泛的资源共享，形成了思想政治教育对象的专题数据画像，并为思想政治教育内容提供了针对性的服务。在此过程中，场景作为思想政治教育要素，时间、地点、人物、事件、连接方式的黏合剂，使得每一个要素作为更具体和真实的存在，并且串联起来更具有现实感和生动感的教育场域。任何一个场景的存在都含有价值的指向，割裂的时间、地点等要素将失去教育指向和教育意义，只有将之统合到完整的场景中才能呈现其意义和旨趣。学习和教育环境已然成为一个综合领域，连接着物理和虚拟空间，场景也能整合和共享数据并实施智慧治理。

2.2.2 "场域"价值契合的理论逻辑

教育学场域概念的建构仍然依据场域理论的方法要义即关系性、整体性思维而得以实现，情境认知理论揭示了学习的有效性离不开具体情境，新时代思想政治教育场域不断拓展，它将传统课堂场域中的思想政治教育内容经过创造性转换，以新的形式呈现于在线学习平台中。它突破了时空限制，移动互联网时代

---

① 刘远杰.场域概念的教育学建构[J].教育学报，2018(12)：22－23.

为学生创设了充满情境、探究与互动的学习氛围，营造了更为丰富的环境，其隐匿性能够弱化传统教育中鲜明的主客体身份，有助于唤醒学生的主体意识，并激发学生的内生动力，以及学习兴趣与好奇心，更好地培养学生发现问题、解决问题、团队协作、创新意识等能力。

1）网络场域提供新的思维和工作方式

网络数据等技术逐渐成为国家竞争力新体现。尤其是对于掌握高校大学生基础信息和思想动态的大数据，不仅覆盖面广，还具有可视化、具象化和精准性等特征，同时还富含其价值意蕴，它是推动人们在数据利用方面实现根本飞跃的思维方式，是应用大数据分析和解决问题的合理过程。网络大数据技术与思想政治教育有诸多深度融合的空间，将思想政治教育学科与大数据思维相结合，可以加深对思想政治教育规律和本质的认识和理解，能有效提升思想政治教育的针对性和精准性。

人们所有的思想和行为都会留下痕迹，产生客观的"信息痕迹"，网络以及大数据的助力使得思想意识和行为的可视化成为现实。大数据的天然优势在于对数据的汇总、分析和呈现，有助于深入理解和认识人的思想和行为的规律，能够与思想政治教育有效融合发挥其作用，在这个层面上看大数据与思想政治教育具有契合度和较高的匹配性。所谓的思想政治教育规律是思想政治教育各要素之间的根本联系和相互作用，也是研究对象的思想行为活动规律的体现。思想政治教育本身所涉及的因素广泛而复杂，互联网介入将思想政治教育置于一个新的场景，思想政治教育的模式和发展规律需要结合新的时代背景和学科发展要求予以理解和阐发。通过网络技术数据的跟踪和赋能，对于思想政治教育规律的掌握能够全面和便捷，将复杂的信息通过算法等实现可视化表现，内在地掌握思想政治教育各要素之间的动态关联，以及人的思想和行为变化和趋势。这和传统的思想政治教育模式产生了很大变化，既要对传统的观察法、谈话疏通法等进行延续，同时通过思想政治教育场景要素的塑造、彰显和优化设计，使得思想政治教育进入新的层面。

2）网络拓展了思想政治教育理论空间

在网络技术与思想政治教育深度融合的背景下，技术实现了传统思想政治教育的一些未能被充分理解的理论命题，在时代发展中不断进行阐释和验证。网络技术的赋能恰能一定程度上深化对思想政治教育的理论贯通，可以快速、准确、动态地洞察思想状况和舆论趋势，识别网络空间的高频词汇，进而准确地做出相应的决策和行动，利用大数据技术为人们提供准确和个性化的教育和建议，并在这些实践总结的基础上，不断形成新的场域下的理论思考，充实和拓展思想政治教育的理论外延和内涵。

与此同时,伴随网络技术的产生,思想政治教育也在产生新的待解释的理论困惑,这既是时代发展的结果,同时也是学科不断发展的内在动力。网络空间基于互联网的信息技术,在人类实践的基础上建立起生产和生活的虚拟空间,伴随生产和生活的过程中不断产生新的矛盾,高校大学生思想政治教育不可避免地受到现代信息技术带来的另一层负面影响。未来技术和思想层面将进行怎样的融合,思想政治教育对"人"的教育的方向等,这些都有待在网络技术开拓的过程中予以新的解释。同时网络空间技术的异化对互联网管制和制度的约束提出要求。诸如数字权利滥用等问题破坏网络空间秩序,可能影响到高校大学生对政治认知的信任危机,这些要通过制定相应的规章制度强化对技术异化的严格管理,使其更加科学、有序、规范,以保障高校大学生思想政治教育工作的健康发展。

3）网络资源丰富了高校思想政治教育要素

思想政治教育是一个包括诸多要素的系统,在网络加持下思想政治要素类型不断增多,且处于不断变化之中,对思想政治教育的主体、客体、介体产生影响,而且使他们更加丰富,相互之间的关联更加紧密。网络的诞生使得数据流、场景等成为其新的要素,对思想政治教育的方式、过程、效果等都产生深远的影响。

2.2.3 "场域"价值契合的实践逻辑

无论在传统教学时代,还是在网络越来越发达的今天,教师、学生、学习资源、学习环境四者是教育场景的四大基本要素,尽管在不同时代发挥的作用不同。教师历来都是作为教学活动的主导,也是作为主要的知识灌输者,在网络场景中自然承担着重要的作用;学生则是教与学活动的承载主体,曾经是被动的知识接收者。但是在互联网时代,也是学习场景缔造时代,教师的教与学生的学,将更多地以"VR 课程＋AR 课程＋游戏化课程"优化组合的学习资源作为载体。在以大数据、人工智能、元宇宙等高度融合所创设的"VR、AR、在线学习、个性化学习"的学习环境中,可以更有效激发高校大学生的学习兴趣和热情,更有力地吸引他们到场,进而更好地促进学生对于事物的准确理解,完成多维度知识的对话,以及相互之间的整合,把教学活动与学习过程从传统课堂拓展到更丰富的学习空间,实现虚实融合、自主探究与移动网络关联学习的有机融合。由此可见,教师、学生、学习资源、学习环境这几个要素,串起了思想政治教育的传统场景走到今天的现代化多媒体场景时代,并且实现了相互互补嵌入。

1）教育者对学习资源的设计以及与环境的交互

5G 时代学习资源丰富多彩,教师通过网络平台、网络学习资源、网络交互等获取具有教育价值的信息与知识，更重要的是对现有的学习资源、教学内容进行动态设计、整合、调整与补充，优化已有的学习资源，密切关注学生在场景中的表现和效果等。在此过程中离不开教师与学习环境的交互，5G 时代的学校信息化环境会进一步提升，随着各高校数字校园的推进，学习分析＋大数据技术在学校中的应用，有助于教师通过 5G、CHATGPT 等开展灵活多样的教学设计、动态化接受学生的反馈信息或掌握"学情"，分析学生对学习资源的需求。

　　2）教育对象在场景中的交互

　　云端、平台与相关节点中的丰富信息和资源在网络中"流动"，作为"数字一代"的学生，网络中的场景能够让他们产生天然的亲近感。由于对相同的事物或者动态感兴趣，他们形成了有着相同趣缘的网络群体，他们彼此交流互动，相互影响，在积极氛围和心理影响下有助于学习效果的增强。大规模机器智能化的应用场景，创设了更多虚拟学习情境，通过教师的指导，聚焦感兴趣的问题，设计与提出解决问题的方案，在与同伴的交互中，学习思考和实践。当然在这里对教育引导者提出要求，为避免青年形成"成长茧房"，对高校大学生的不同圈层进行引导，以防在互动过程中受不良信息和情绪积聚影响，在从众心理的助长下形成非理性的事件。

　　3）教育者和教育对象之间的交互

　　思想政治教育的重心不在于背诵与记忆，而是促使学生发现知识关联并能解决实际问题。网络场景下教师与学生之间不再是单向的信息传递，而是线上与线下、虚拟与现实、静态学习与动态活动等相结合的多元交互方式，教师作为场景的设计者，更多的精力投诸场景的内容、价值引导、对学生的引入方式以及后续的讨论互动等，学生则在场景中探寻事物、发现真相、情感共鸣进而实现价值认同，如此，教育者和教育对象在教育过程中实现了同向汇聚，在同一场景中感受事件本身、情绪的变化，情感在其中顺畅流动，在场景中教育者作为设计者、引导者和观察者，要改变单一化的语言、灌输说教的方式、自上而下的教育立场进行教育。教育对象作为体验者、参与者，在特定场景中与教育者以及彼此之间进行知识、情感、体验的互动，场景作为交互的环境、要素、调节器和规则约制，能够促进教育者和教育对象的互动更深入，也更具有黏性。

2.3　高校网络思想政治教育内容的创新契合

　　思想政治教育内容，即教育者要向教育对象"传递什么"或教学对象要"学习什么"的价值存在，是思想政治教育系统的核心要素。思想政治教育内容作为思想政治教育目标的具体呈现，不仅由思想政治教育目的和任务决定，而且在现实场域中表现为不同形式、分散在不同领域。在网络参与的大背景下，为思想政治教育在现代化之路探索创新发展或转型之径指明了方向。开展高校大学生思想政治教育工作时运用信息化手段和互联网技术是新时代形势的必然选择，网络思想政治教育是高校育人的重要载体和有效手段。网络思想政治教育比传统思想政治教育更具有精准化、生活化和精品化特征，更有助于借助技术打造内容平台、拓展教育内容融入日常生活新情境。

2.3.1 思想政治教育内容创新必要性

2.3.1.1 思想政治教育学科发展要求

思想政治教育学科是一门研究如何做"人"的工作，塑造人的价值观、提高人的思想政治素质、促进人的全面发展的人文社会科学。随着时代的发展和社会的进步，高校大学生的培养要求思想政治工作和思想政治教育学科要"因事而化、因时而进、因势而新"，思想政治教育也在适应新形势、解决新问题中不断创造着新经验，这本身也彰显了思想政治教育的学科特色。习近平总书记在全国高校思想政治工作会议上强调："要运用新媒体新技术使工作活起来，推动思想政治工作传统优势同信息技术高度融合，增强时代感和吸引力。"思想政治教育学科和专业，在加强思想政治工作队伍建设、提高人才培养能力这个核心点中发挥着重要作用、担负着重要职责。加强思想政治教育的网络参与能力，推进思想政治教育理论发展，对促进思想政治教育自身发展具有重要作用。

思想政治教育学科的创新，需要立足时代所需。如果说传统的思想政治教育逻辑按照"是什么""为什么"以及"做什么"的演绎方式，当下的思想政治教育则要回应时代需要，回答"怎么做"的问题，需要紧密结合时代发展过程中的先进成果，不断走向学科融合，不断走近高校大学生的所思所想，向生活实践逻辑转化，思想政治教育学科的这些时代变革和转换，本身反映了人们运用马克思主义观察时代的理论思维的创新，也是运用马克思主义解读时代现实关切的集中体现。

2.3.1.2 思想政治教育实践性发展的要求

思想政治教育担负着国家意识形态教育的重要任务，促进思想政治教育网络参与，加强与信息技术的融合，对占领网络意识形态阵地、牢牢把握网络思想政治教育的主动权和牢牢掌握网络意识形态领导权具有积极的现实意义。思想政治教育在维护网络空间安全、参与网络空间治理上也扮演着重要的角色，加强思想政治教育的网络参与能力，是网络空间健康发展的需要，它需要发挥思想政治教育的引导作用，需要发挥社会主义核心价值观的引领作用，"加强网络内容建设，做强网上正面宣传，培育积极健康、向上向善的网络文化，用社会主义核心价值观和人类优秀文明成果滋养人心、滋养社会，做到正能量充沛、主旋律高昂，为广大网民特别是青少年营造一个风清气正的网络空间。"由此看来，思想政治教育内容的创新发展离不开网络的参与，这也是开拓思想政治教育渠道和空间的必然选择。

2.3.1.3 思想政治教育内容创新趋势

内容是思想政治教育的关键，与信息技术的融合为思想政治教育的内容创新提供了契机，使得"内容为王"的特征更加凸显。课本、报刊等传统媒介是传统高校思想政治教育内容的主要来源，想要达到新时代思想政治教育的深度和效果，只靠这种传统的教育媒介较难实现，相对而言对学生缺乏吸引力，内容缺少活力，难以激发学生的学习乐趣，这是时代给思想政治教育提出的挑战。因而广大思想政治教育工作者需要积极应对挑战，充分利用网络平台渠道，及时获取丰富的新鲜资讯，与受教育者实现信息对称，进而缩小沟通壁垒，并且网络平台信息的时时更新，为网络思想政治教育提供了丰富多样的资源。

在网络参与的大背景下，思想政治教育供给的信息比以往更加丰富，形式也更加多元。面对新时代人们日益增长的精神需要，网络思想政治教育可以对不同的对象有不同内容设计，能够同时满足不同对象的喜好，既可以"阳春白雪"，也可以"下里巴人"，贴近不同对象的生活和话语，切中人们的精神需要，被人们关注、接受，表现出既定内容的多样呈现，展现出极强的包容力。

1）精准化

网络参与大背景下，首先，可以根据数据分析精准获取学生思想行为动态。根据这些动态信息，对思想行为数据进行抓取和分析，学生思想行为动态、价值导向和关注社会热点难点等就被以可视化方式呈现出来了，并以图表、曲线以及各种构图呈现出学生近期或目前正在关注的思想问题、社会热点等；其次，能够实现"全样本"的数据分析和整体性"精准描述"，从而使思想政治教育工作决策具有科学性、实证性支撑；最后，能够充分发挥个性化教育教学，增强思想政治教育的针对性和实效性。可以根据数据分析呈现出的问题，对学生群体或个体进行针对性教育，如开设个别谈话辅导、课堂教学融入、专题讲座等，从而不断增强思想政治教育教学实效性。

2）生活化

脱离作为教育内容创新源泉的现实社会生活，教育只能让人感觉枯燥乏味，不切实际，严重影响教育的实际效果。与高校大学生的思想、观念和精神相比照，物质生活世界具有一种先在性和根本性，在网络参与的大背景下，以快手、抖音、微信、微博为代表的新兴媒体，凭借其交流便捷、覆盖面广、传播迅速等优势深受"95 后"和"00 后"高校大学生的青睐，思想政治教育可以以此为契机，打开新的突破口，以一种更贴近高校大学生生活的方式，运用网络表达方式与其沟通互动，打造一批集思想性、教育性、互动性、服务性、安全性于一体的微平台系统。要从高校大学生实际出发，及时掌握高校大学生思想动态，关注高校大学生利益诉求，及时回应高校大学生思想困惑，充分利用新兴媒体的亲和力和感染力潜移默化地进行思想政治教育，积极掌握网络思想政治教育的主动权，使其成为坚持党的领导的强大阵地。总之，要不断推动思想政治教育与学生的生活相结合，形成立体多样、辐射力强的网络育人体系。只有来源于高校大学生的网络生活体验、网络生活案例和经验教训的高校网络思想政治教育，才能使教育目标渗透到高校大学生的生活世界并转化为他们的生活情感体验，并与他们的日常生活实践相结合，形成健康的网络生活方式和网络道德行为习惯。

3）精品化

网络参与背景下的思想政治教育重构了以往课堂师生单项反馈的关系，教师面对的学生不再是被动接受的客体，他们渴望主体性的发挥，高校借助网络平台打造一批贴近高校大学生生活、精准把握高校大学生情感的网络资源，不仅满足高校大学生的个性需求，又切实落实"立德树人"任务。同时高校要一改以往的理论灌输模式，将在党领导下我国所取得的一切成就，借助网络平台，尤其是新兴媒体，用高校大学生喜爱的方式，例如，短视频、沉浸式体验等方式呈现出来，增强网络思政课程的吸引力和感染力，打造出深受高校大学生青睐的精品化课程，实现思想引领。而且，高校也可以将精品课程共享到网络平台，例如，慕课、网易公开课等。所有学生都可以登录到平台上观看和下载精品课件，利用他们碎片化的时间进行浏览和学习，各大高校之间也可以共享优质资源，满足不同学生之间的学习诉求。

2.3.2 内容创新契合的理论逻辑

1）思想政治教育具身化要求

作为对"人"的人生观、价值观、世界观的教育，其内容毋庸置疑伴随时代发展而变化。在时代变化的大潮中，无论是教育者、教育媒介还是教育对象，都发生了深刻的变化，尤其是伴随着移动互联网的全面普及，以 5G 技术为引领的第四次技术革命，以互联网为主导扑面而来的时代浪潮跌宕起伏，传统的思想政治教育内容难以满足需求，思想政治教育在新技术的加持下需要灵敏反映社会变动，及时回应人们的思想困惑，思想政治教育与互联网的互生融入，是思想政治教育发展适应人类存在方式转变客观要求的历史必然。我们需要在意识上关注大数据时代，当然更重要的是深入大数据的最前沿应用场景中，才能对大数据引发的社会整体变动有切身的体会。

前面讲过，思想政治教育需要向生活实践逻辑转变，需要贴近学生需求，因此具身化的教育内容既能使得学生真切感受到教育内容本身，同时也能受场景感染，重要的是能够让学生实现身体回归和真正参与，调动身体的感觉知觉，注重体悟和探索，以及学习内生的力量的萌发，在此过程中离不开学生主体性的发挥。注重学生身体的参与和体验，达到知识获得和身体参与的有机融合。教育者在教育过程中，为了充分吸引学生，要调动学生的感官、身体意识和情感意识，充分发挥语言、性格、情感魅力，让学生在身体体验中获得认知，因此要集文字、图画与视频等丰富的呈现形式，通过"身体的回归"和主体性的发挥，促进高校大学生从丰富的内容供给中发现思想政治教育对于他们追求幸福生活的意义。

2）思想政治教育学科交叉融合的要求

现时代背景下没有任何一门学科是绝对独立的存在，或多或少要和其他学科产生着各种关联，当前富有时代性、应用性强的知识生产往往都是跨学科的结果，知识的爆炸性、多层次、综合性决定了学习的过程中需要进行多学科的积累，这一点对于教育者和学习者都不例外。目前，除了积极传承传统思想政治教育的内容之外，更需要积极创新，充分判断大数据时代思想政治工作的新情况和新问题，以及意识形态工作的新形势，积极参与思想政治教育和网络参与融合的理论基础，尤其是大数据、人工智能、5G 等基本原理的研究，以及技术应用的伦理法律规范，以防范化解风险。

3）人的全面发展的要求

马克思认为，"个人的全面发展"蕴含着个人能力的全面发展，但个人的能力并不是天生具有的，而是以生产力为前提的历史发展的产物，也就是说，生产力及其社会形态发展到什么程度，人的能力也就相应地发展到什么程度[1]。我们生活在一个技术飞速发展的时代，也是一个人的能力超强发展的时代，但是人要具有能够驾驭技术革命对个人才能所起的推动作用，把握智能化的生产方式为人的全面发展带来的机遇和条件，才能使"个人的全面发展"变为现实。在当前阶段形成驾驭智能革命的能力的基础上，教育者要更加重视学生的偏好和需求，形成有利于个人全面发展的教育氛围。如此人的主体性地位就会越来越突出，人的创造性才能得到解放。通过把人的主导作用贯穿到智能化的教育环境中，增强与环境的实时互动，深化人机合作关系即人赋智于机器，不断提升高校大学生的创造力与想象力，使人回归于"人"，机器处于机器的定位。

---

[1] 马克思，恩格斯.马克思恩格斯文集(第8卷)[M].北京：人民出版社，2009：52.

2.3.3　内容创新契合的实践逻辑

1）网络技术赋能内容平台

在网络参与的大背景下，随着5G时代、人工智能时代的到来，这为思想政治教育内容创新发展提供了契机，通过借助这些新兴技术，突破传统教学模式，实现"升级换代"，打造一批强有力的内容平台，逐步向"智能＋思政教育"模式转变。高校要积极拓宽网络育人的平台和渠道，客观把握网络文化的传播特点与新兴技术的发展规律，充分运用新兴技术来"发声"，整合各类网络育人平台与教育资源，打造"一体化"网络育人平台，彰显网络育人的优势，实现思想引领，引导高校大学生在网络平台的学习中自觉树立正确的世界观、人生观和价值观。

2）教育内容融入日常新情境

5G、人工智能技术在高校推广和应用，拓展了思想政治教育的内容和主题的视域，思政课程需要充分利用网络德育资源和文化载体，贴近高校大学生生活实际，通过文字、图片、视频、音频、动画等更加直观的方式，完成思想政治课程的教学。与学生日常生活方式相契合，增强了思想政治课程的活力性和生机性，有利于提高他们的学习积极性，而且，高校也可以通过先进技术，将学生作为思想政治教育的核心，创设以他们为中心的教学情境，将枯燥的理论知识以学生喜爱的方式呈现出来。同时，着力开发网络思想政治教育的信息资源，构建各类具有地域特色、吸引高校大学生兴趣的教育网站，并对高校大学生登录和浏览频率较高的部分网站要加以关注，融入他们生活的方方面面。

3）实施智能化教育新趋势

在人工智能发展潮流下，对新时代思想政治教育者提出专业发展的要求，教育者在当下科学技术发展赋能下，能够基于数据，以画像技术作支撑，将内显的思想动态进行外显的管理和评价，借助智能技术诸如大数据、ChatGPT进行答疑解惑、学习数据分析、效果预测等，促进学生被动学习转化为主动参与，同时多模态数据的收集和教师教研特征指标的建立，为教师智能教研机理与规律提供了更为全面、清晰的表现手段。

2.4　高校网络思想政治教育方式的变革耦合

2.4.1　思想政治教育方式新特点

网络参与下思想政治教育方式以其瞬时交互、多向互动、多元手段、育人空间的立体化等特点，深受广大高校大学生的喜爱，满足了高校大学生发挥主体性、追求效率、突出自我个性的需求,已成为高校大学生关注时事政治、表达个人意见、分享生活体悟的重要方式与渠道。当下,微媒体为高校大学生政治认同提供了新机遇也为其提出新的挑战。如何有效地实现网络参与背景下思想政治教育方式的变革耦合,增强思想政治教育实效性成为一项重要的时代课题。

1) 瞬时交互

瞬时交互是网络媒体传播最突出的特点之一,在这种新媒体加持下,任何信息都能极大限度地缩减交互传播的速度、时空,从而实现信息交互的"零时间"即时传播,进一步达到信息交互时效便捷、异地同步的目的。网络参与背景下思想政治教育能够不断创新高校大学生网络思想政治教育方式,随着网络信息平台的应用,高校大学生网络思想政治教育的时空范围得到拓展,利用网络平台可以实时发布和接受信息,一改以往通过文字资料、电视、会议等信息传递媒介等传统模式,一方面,瞬时交互有助于高校大学生为大学与思政课教师搭建便捷、平等的沟通平台,教师可以及时发现高校大学生对思想政治方面认知认同存在的问题,另一方面,也可以及时矫正高校大学生出现的错误思想政治倾向,对其加以引导教育。最后,通过网络平台,高校大学生对于一些关于思想政治问题的疑惑也能够获得相关政府部门或专家学者的专业解答。

2) 多向互动

网络参与下的思想政治教育具有多向互动的特征,教育模式由传统的单向灌输转为多向互动模式。在互联网环境下,传统课堂以老师为知识中心的教育方式被打破,教育模式由单向灌输转为多向互动。在这种教育模式下,每个人的主体性都得到有效发挥,即每个人既是信息的接收者也是信息的传播者和发布者,从而实现教师与学生、学生与学生之间多向互动的信息传播方式。高校大学生在学习过程中能够更有效汲取有利于自身发展的有益知识,注重学生的学习体验、行为引导和思维养成。一方面,高校大学生能够通过思想政治教育提供的网络平台围绕自身爱好,发表对蕴含思想政治教育核心理念热点、事件的见解,例如通过弹幕、评论等形式。这种平等对话机制在一定程度上满足了高校大学生在对话中接受教育的需求,调动了他们参与的积极性。另一方面,随着信息化进程加深,青年高校大学生的视野更加开放,学习需求日益多样化、个性化,从而对个性化的学习服务提出了迫切要求,网络思想政治教育还能运用 VR 等技术,根据不同学生的不同需求,在虚拟现实中的丰富情景中与他们互动,开展个性化教学。网络技术的加持,使得思想政治教育教学超越了传统意义上的单纯"受众",使教师作为信息发布者与学生这个信息接收者之间的界限变得模糊,呈现出较强的互动性。同时在开展日常网络思想政治教育过程中,也可以充分发挥高校大学生作为信息制造者和发布者的独特优势,例如鼓励他们利用新媒体工具,制作表现思想政治教育主题的微视频,在微视频制作过程中,高校大学生不仅能够借此表达观念和想法,而且还能够加深认识,将优秀作品上传到各网络平台,供更多的同学观看和评论,让他们切实体会思想政治教育参与感。

3) 多元手段

网络思想政治教育能够借助多元的新媒体工具开展形式多样的思想政治教学活动,5G技术为网络思想政治教育教学的"升级换代"提供了全新的思政课实践教学模式。依托5G技术,借助"全浸式"VR技术以及VR创新方案,利用智能感知系统和设备,打造与思想政治课主题密切相关的模拟情境,在这种环境中,能够让学生获得"真实情景体验、动感交互穿越、超越时空界限"的感受,使得能够触摸、互动、感知抽象内容成为可能。AR技术在教育领域的应用,实现了多人同步、实时互动,让学生完全置身于虚拟世界之中,拓展了网络思想政治教育的方式,成为未来教育模式改革的发展趋势。除此之外,随着虚拟现实(VR)、混合现实(MR)、人工智能等新兴技术不断融入教育领域,内容在表现形式上呈现更加信息化、多样化。体验式教学的发展与应用更加深入,例如通过场景打造的方式演绎某个历史事件、在线虚拟参观博物馆和主题"教育基地"等。

同时,通过弹幕、评论等方式也拓展了学生参与思想政治教育的方式,高校大学生由此转变对部分思想政治课实践教学遗留下来的"呆板印象",能够产生对思想政治课教学的认同感、亲近感。

4) 立体化时空

网络思想政治教育的发展,使得思想政治教育实现育人时空的立体化,不再像以前的平面化育人,而是可以实现时间跨越,让学生感受到时间跨越的真实情感体验,突破了时空的双重束缚,强化了信息传达的时空全维性。思想政治教学与网络技术的融合,使得教师更易获取学生的情感和语音等数据,可以根据学生不同的学习需求,通过虚拟现实技术创造真实场景对他们开展个性化教学,在教学过程中,学生也可以根据自己的接受能力和学习习惯做好学习规划,真正做到个性化学习。

随着5G技术的发展,VR技术是实现思想政治教育育人时空立体化的重要手段,这是对传统思想政治教学形式的创新,实现了由过去以参观、志愿服务活动为主的教学形式转向人机交互、真实情感体验等体验感强的形式,克服了以观察为主、操作为辅的弊端。而VR技术与思想政治教育的融合,不仅能突破现实性与非现实性、时间与空间、过去与现在场域的联结局限,而且在VR技术下的虚拟现实空间里,根据学生现实的疑惑和需求,教师可以创设虚拟现实场域,针对性地将学生置身于特定的虚拟现实场域中,对他们进行家国情怀、道德观念、理想信念等不同主题的教育引导,在教学中树立正确的三观。例如以"重走长征路"等为教育主题的教育场景依 VR 技术得以实现,让学生在教育场域中真实感受到红军战士的艰辛和付出。在调动学生情感体验中提升思想政治教育的实效性。

与此同时,网络平台也可以跨越教师与学生两者信息交流的时间和空间,作为主体和客体的教师和学生可以在不同的时间和地点进行交流和发布学习信息,使得教学内容可以通过信息的形式得以保留,其时间也不再局限于在校时间,教师和学生都可以通过网络平台登录查看和处理信息。教师和学生的交流还打破了地域的限制,借助网络视频技术,可以在网络平台进行面对面交流,彻底摒弃了只凭借如报刊、电视等传统高校大学生思想政治教育渠道,克服了这种只能做到单向传递的问题。通过网络的方式,学生可以将教师发布的信息进行处理并反馈给教师,使得双方实现充分互动,教师和学生作为思想政治教育的主客体,这两者是双向互动的关系,网络思想政治教育的应用和发展提升了思想政治教育的工作效果。

2.4.2 教育方式变革耦合的理论逻辑

1) 人的主体性发展

思想政治教育的根本目的就是要促进人的全面发展,促进个人关系、个人能力、个人需求的全面发展。实现高校大学生的全面发展是高校网络思想政治教育的最终归宿。党的二十大报告明确指出要"大力发展社会主义先进文化,加强理想信念教育,传承中华文明,促进物的全面丰富和人的全面发展"。人的全面发展强调人的尊严和价值,是对人的个性张扬、价值的实现,是素质的全面展现与关系的和谐发展,是对个人内在潜能的充分发展,以及尊重个性差异的个性发展。因此,实现人的全面发展既是思想政治教育的根本目的与价值取向,也是网络思想政治教育的最终目标,高校对高校大学生思想政治教育的出发点和落脚点应落实在人身上,对高校大学生物质需要、精神需要和自我发展需要的满足应加强重视,以促进他们个性、才能和潜能的充分实现,实现高校大学生的健康成长和全面发展,随着网络新兴技术的不断发展和应用,高校大学生在网络环境下的全面发展空间更加广阔,因此高校思想政治教育要坚持以人为本,加强高校大学生习近平新时代中国特色社会主义理论教育,充分利用网络技术促进每个高校大学生的全面和谐发展。

马克思在《资本论》中明确指出,未来社会的一个重要特征是人的自由而全面发展,马克思设想的未来社会的人,不仅是自由人,还是全面发展的人。这就是马克思所说的,未来社会是一个"更高级的、以每一个个人的全面而自由的发展为基本原则的社会形式"。在此背景下,人的全面发展在现代化进程中显得更为紧迫和重要。根据进入新时代的现实条件，尤其是国家创新发展战略的实施及数字经济的技术条件，需要进一步创新和发展马克思的人的全面发展思想。

网络时代带来的教育模式变化，促进了教育者和教育对象的相互平等，同时也是双方主体性发展的需求。教育者和教育对象在教育活动中通过不同方式实现各自需求，教育者通过多种平台和现代多媒体技术等，在教育过程中深切感受到学生的成长和变化，在工作中尊重和信任得以满足。教育对象在接受教育的过程中并非被动吸收，而是在多元模式中不断发挥和彰显自身主动性。

2）教育系统性发展要求

恩格斯指出，"我们所面对着的整个自然界形成一个体系，即各种物体相互联系的总体"，"这些物体是互相联系的，这就是说，它们是相互作用着的，并且正是这种相互作用构成了运动"。习近平指出："系统观念是具有基础性的思想和工作方法"，"必须从系统观念出发加以谋划和解决，全面协调推动各领域工作和社会主义现代化建设"①。高校思想政治教育的系统性是理解其内涵、特性、转换路径以及方式创新的关键，可以避免思想政治教育陷入孤立和片面的窠臼之中。思想政治教育方式受时代、内容等规制，同时也影响到其其本身的发展和方向。

网络参与和高校大学生思想政治教育方式是分别独立的系统，但是两者之间有着密切的关系。首先，互联网的迅猛发展催生了网络空间这一新的人类生存环境，对高校大学生思想政治教育方式带来显著性影响，当网络促使思想政治教育系统的外部环境、内部要素发生嬗变时，教育方式必然由此重构。其次，网络参与和高校大学生思想政治教育形式具有耦合协同性。一是实践共生性。网络创设了虚拟实践的新形式，网络参与拓展了教育形式，教育形式创新促进了网络进一步参与。二是社会同构性。社会性是网络空间和思想政治教育的共同特征，其方式在社会发展中得以优化和创新，并彼此促进。网络空间是虚拟社会关系的载体和结合，高校大学生思想政治教育的实施内容、方式都具有社会性，通过网络空间形成得以更清晰地呈现和统一。三是公共渗透性。网络空间是高校大学生学习和生活的公共场所，思想政治教育是塑造思想而实施的公众教育，网络空间本身在发挥公共性方面有其独特的优势，是当下社会公共性发挥的良好平台，高校大学生思想政治教育的公共性可以一定程度保障网络空间的健康发展。因此，在系统思维视角下认识网络参与和高校大学生思想政治教育方式创新之间的关系，树立网络思想政治教育新理念新思维，正确对待思想政治教育在网络空间下的新元素，并处理好新旧要素之间的融合发展，以及思想政治教育系统内部要素及其子系统之间的关系，这是基于网络参与高校大学生思想政治教

① 习近平. 关于《中共中央关于制定国民经济和社会发展第十四个五年规划和二〇三五年远景目标的建议》的说明[N]. 人民日报,2020－11－04(02).

育创新发展的逻辑起点和根本所在。

2.4.3 方式变革耦合的实践逻辑

1) 方式供给创新是必由之路

5G 等新兴技术的发展，是更深入、更广泛、应用现代化技术成果，为网络思想政治教育的深入发展提供了重要机遇，5G 时代的网络、技术、传播手段有着以往所不及的独特优势，高校思想政治教育应探索思政课实践教学与网络媒介技术深度融合的现实路径，实现思想政治教育方式供给创新，更好地增强思政课立德树人、铸魂育人的实效性。

一是确立网络思想政治教育实践教学理念。理念对行为具有先导作用。科学的理念对行为指明正确的方向。推动网络思想政治教学，必须理念先行，确立先进的网络思想政治教育教学理念。在争夺互联网话语权、意识形态主导权、提升新时期思政工作实效性上，网络媒介技术发挥着重要的作用，确立网络思想政治实践教学理念，是高校思想政治教育主动适应育人环境新变化的重要举措，要紧紧围绕立德树人的根本任务，坚持守正创新、理念创新，抓住技术创新这一突破口实现思想政治教育手段创新，推动思想政治教育育人理念与网络媒介发展规律相适应，让思想政治教育始终保持生机活力。

二是探索更具时代热度的思想政治教育育人方法。要学会通过网络媒介技术来吸引和凝聚学生，在网络思想政治教育的育人模式下，引导学生增强理想信念、道德观念、价值理念。教育者既要加入新兴网络平台，例如短视频直播平台，强化与学生的情感化、故事化、生活化方式的交流，又要走进如微博、小红书一类的社交互动平台了解热点话题，在参与讨论过程中达到教育效果。

三是开展校园网络文化作品培育活动。要充分发挥网络媒介技术的独特优势，举办形式多样的网络文化活动，发挥师生的积极性、主动性和创造性，引导师生积极创作内容生动、导向正确的网络文化产品，是网络文明志愿服务行动，合力打造积极健康的网络环境，最终将网络技术优势转化为思想政治教学效能，实现培育德智体美劳全面发展的社会主义建设者和接班人的根本目标。

四是营造"沉浸式"场域，增强高校大学生体验感。伴随着 5G、物联网、人工智能等新一代信息技术的飞速发展，以学生为核心的"沉浸式"育人场域正在不断进行构建和延展。这为彻底改观以说教形式为主的课堂教学的"呆板印象"提供了契机，例如，高校思想政治教育课教学可以借助"沉浸式"VR 技术，利用智能化感知设备，使高校大学生能够沉浸在特定的传统文化场景和故事情节中，实现跨越时空界限的真实情境体验，达到教育场景中事物的触摸、互动和感知，逐渐产生对思想政治教育内容的亲近感和认同感，在潜移默化中帮助他们树立正确的世界观、价值观和人生观。

2）提升媒介素养和能力是保障

与传统思想政治教育不同，教育者在网络思想政治教育模式下要求具备更多的技能，不仅要求他们具备传统教育者的文化理论和基本素质，还对他们的网络文化运用能力提出了更高的要求，因此在网络思想政治教育中，提升教育者的媒介素养能力十分关键。

第一，提升网络思想政治教育工作者对各种网络教育软件的熟练度。网络思想政治教育借助网络媒介技术，使得教育者与被教育者可以通过网络连接实现面对面交流，教育者对网络教育软件的认识和操作熟练度也就直接影响教育效果，在课堂教学以外，教育者对微博、微信、视频号等网络平台的使用，例如发布文章、短视频，引导高校大学生自主阅读和观看，这将是对思想政治教育的一个补充。

第二，培养教育者借助网络开展思想政治教育的意识。网络是虚拟世界，但却不是与现实世界完全脱离的世界，当代高校大学生是成长在网络时代的一代人，他们对网络的敏感度比以往的人群都要高，借助网络开展思想政治教育满足了当代高校大学生群体对教育方式革新的需求，高校要让教师认识到网络时代利用互联网工具展开教学活动的独特优势，引导他们养成借助网络开展思想政治教育的习惯，要给教师提供运用网络媒介技术机会的平台。例如通过开设课程、研讨会和开展教师入职培训等。以此可以通过不同的网络工具来与不同阶段的高校大学生进行交流，让高校大学生的日常生活时时处处都受到思想政治教育的积极影响，推动思想政治教育的隐性教育发挥最大价值。

第三，提高教育者将传统的教育方法与网络思想政治教育方式融合的能力。教育者要实现网上网下相结合，就要推动工作思维创新和模式创新，因此，需要一改传统课堂的说教模式，将网络辅助课堂教学的作用发挥到最大，用网络媒介承载思想政治教育的内容，把思想政治教育功能落到实处。网络时代是不断变化的，教育者要紧跟网络发展时代步伐，分析网络传播发展的内在规律，将其作为思想政治教育发展的可靠载体，始终让高校大学生对思想政治教育保持新鲜感，力争做到贴近学生生活和实际的目标，潜移默化中影响高校大学生的世界观、人生观和价值观。

第 3 章

情感体验：网络思想政治教育获得感的必然环节

3.1 思想政治教育获得感要素

教育的过程是作用于人内心的过程，和教育对象的情感体验不可分离。教育大致经历知识经验的获得、情感体验的共鸣、自身内化几个环节。情感体验作为中间的转承环节不可缺少。情感体验中的情感，指的是在教育过程中受到教育环境的影响和刺激后的心理活动或者相应反应。体验则有如下几个方面的内容：亲身经历，教育活动设计，网络体验等。综合起来情感体验是指在外界刺激下参与具体实践后所获得的在情感方面的触动、共情、共鸣等情绪反应，并体现在教育结果中，比如在个体获得和行为中有明显体现。相对于知识获得，情感体验更关注教育过程中学生的主观体现，诸如态度、情绪、信念等，教育实践经验可见，教育中的情感体验能对学生的学习、生活、融入社会产生积极效应，对促进学生人格的健康和健全发展有着不可缺少的作用。

情感体验贯穿于思想政治教育整体，从初期对知识的吸引、关注，再到后续的融入兴趣，直至内化为自身价值和行为，都离不开情感的支持和融入，主要表现为如下几个方面：一是情感体验是中国传统教育的重要方法，也是契合思想政治教育规律的教育方法。在我国传统儒家思想的教化体系中，一直非常重视情感对于伦理素养和道德品质养成的重要作用，同时也注重情感对政治的支持价值。二是情感体验是理论联系实际的必由之路，也是从感性到理性升华的必经阶段。从认知到自觉实践，从内在知识习得到外化行为，在此过程中情感作用不可或缺，是从此岸到彼岸的关键环节。情感虽然是个体的人所具有，作为人类共通共有的情绪，却能超越时空的局限，对某一具体事、物在不同时空引发类似情感，进而建立起不同时空下人与人之间的关联，既实现了历史的延续，更实现了教育意义的存续，使得人类的实践不断走向文明。三是思想政治教育是实施评价的重要环节。评价是促进思想政治教育发展的风向标，评价指标的设立对于促进思想政治教育效果尤为关键。仅有知识的评价无法全面衡量思想政治教育的目的和方向,情感体验作为教育目标达成的重要组成部分,在思想政治教育的评价体系和目标中理应有所体现。高校网络思想政治教育获得感生成主要包含如下几个要素。

3.1.1 思想政治教育场域优化

随着人们学习理念和学习需求的不断改变,传统的教学方法也在不知不觉发生变化。著名教育学家、未来学家戴维·索恩伯格(David Thornburg)认为,随着社会的发展,传统的教室和方法不能满足学生的学习需求,学习场景和环境需要改变,学校和其他教育机构不仅需要关注传授知识,还需要创造条件,提供学习空间,帮助学生实现其终身潜力①,重点不应仅仅放在传授知识上,还应该放在创造条件和提供学习空间上,使学生能够发挥他们的终身潜力。世界经济论坛(World Economic Forum)在"教育 4.0 全球框架"中,将基于游戏的教学、体验式教学、以计算机为媒介的教学、具身化教学、多元文化教学作为促进教育创新的五种教育方法,改造未来的学校和未来的教育模式,不仅需要改变学习内容和学习经验,还需要创新教学方法。② 换句话说,未来的教育必须真正走向以学为中心,以学生为中心,强调主动的、个体的和内在的学习,这取决于改变学习的场景。教育场景呈现如下几个特征。

1) 体验性

体验是人们对场景最直接、最具体的情感反应,也在直接或者间接提供对场景的评价,或是赞美或是批评等等,在场景体验的过程中,学习者会比传统的多媒体教学和情境教学取得更理想的认知和实践效果。场景为学习者提供了真切感受和体验的空间,这个空间可以是真实空间,也可以是虚拟空间,相对于传统的教学如教室场景,这种突破了时空限制的场景能够连接起学习者的认知、情感、意志、价值感等要素,使得学习者的知、情、意、行汇集于同一时空中,有助于增强他们的学习感受,塑造学习体验感的空间氛围,并强化学习体验,尤其是要注重教育场域日常生活融入的建构,建立对教育本身的一种重新理解,教育并非仅仅是存在于学校空间中那种具有鲜明"目的—手段"特征的"学校教育"形式,教育更存在于每个人的日常生活和行为实践之中,也就是在人与人、人与自然、人与社会、人与文化的实践关系中③。

2) 沉浸性

沉浸来源于影视艺术作品的良好感受,剧院场景通过人或物、无声或有声演

---

① 戴维·索恩伯格.学习场景的革命[M].徐烨华,译.杭州:浙江教育出版社,2020:16.

② 王永固,许家奇,丁继红.教育 4.0 全球框架:未来学校教育与模式转变——世界经济论坛《未来学校:为第四次工业革命定义新的教育模式》之报告解读[J].远程教育杂志,2020(3):3-14.

③ 刘远杰.场域概念的教育学建构[J].教育学报,2018(6):32.

绎，利用影视语言和视听效果，创造出情感的沉浸感，带来观众情感投入。目前的 5G 时代以及 VR 场景，通过孤立的音视频内容提供沉浸式体验，并通过互动增强感官体验，重点是整合感知互动和场景的虚拟场景促进参与者的情感"融入"和实际"参与"，实现"到场"和"在场"的统一。开展场景化学习，将学习内容开发成课程单元、活动或其他形式，将学习内容和学习场景进行有机融合嵌入，增强学习内容生动性、具身性体验，在学习沉浸的同时，将知识学习、情感认同以及价值确立紧密结合，促进学习者建立对思想政治教育逻辑的真正认同，进而转化为实际行动。

3) 引导性

引导性是场景的魅力所在，场景在向参与者传达某些价值和行为取向时，也在不经意间指导他们的思维和行为。日常生活中人们沉浸于影视作品或者深入参与某些实践活动时，当被电影中的叙事场景感染的同时，也在产生与自己实际体验进行比较以及内化的过程，进而产生指导自己思想和行为方向的效果。在场景学习过程中，一方面是单个个体的身心体验沉浸，同时也发生着人与人、人与环境之间的关联和相互影响，沉浸场景中的指向设计，使得体验者能够在相对单一和纯粹的教育氛围中捕捉叙事的本质，同时场景的精准设计要求结合学习内容和参与者的喜好等各种因素，使得这种场景的引导性相对于传统的教育环境更加明确和清晰，教育引导的效果也将更加明显。

3.1.2　思想政治教育情感融入

人们对思想政治教育的认识有时候会陷于理性的和刻板的认识误区，将情感摒弃于外，这是忽视了思想政治教育的教育对象是"人"的基本事实，人的情感在增强认知和价值传递中发挥重要意义。情感教育领域的研究证明，人是一个完整的生命体，其中认知和情感相互依存，情感在价值观形成中具有辐射功能，情感对于促进认知有着积极价值。随着社会的发展，情感教育已经成为现代思想政治教育的一个有效组成部分，它以情感教育的过程机制为基础，注重对情感教育的各要素进行合理规划，帮助受教育者把从外部接收来的教育内容，转化为内在的心理认同，再将认知和心理认同转化为自觉的行动，从而实现思想政治教育的目标。为了实现这个目标，思想政治教育需要做到：思想政治教育的内容要有前瞻性、科学性、道德性和示范性，这样在内容上充分吸引教育对象，建立起情感上的亲近，便于思想政治工作的开展。其次，教育者的素质对思想政治教育的发展也至关重要，思想政治教育的内容不能仅仅停留在口头，更重要的是教育者道德品质、理论功底、亲和力等，以及兴趣、信仰、能力和气质，对教育对象产生深远和直接的影响，更有利于思想政治教育的开展。最后，建立师生双向良好的沟通机制，教育者和受教育者双方产生情感互动，在教育者进行知识教育的过程中做到以理服人，而在进行情感教育时一定要用真情感动受教育者，教育者对受教育者关心、尊重和理解，形成通畅的交流进而建立起信任。注重运用好情感教育与理性教育的融合，两种方法相互补充，人与人之间的互动总是通过情感来进行的，思想政治教育中只有在情感被说服的情况下才能取得知识上的认同，因此我们要高度重视这两种教育的结合，做到情中有理、理中含情①。

3.1.3　思想政治教育获得体验

思想政治教育最根本的目标在于价值观的传授和获得，知识的获得仅是教育过程中的一部分而不是全部。针对当代时代环境的变化以及高校大学生的身心特点，思想政治教育获得体验，既是时代发展要求，也是思想政治教育自我革新的要求，同时也是满足学生需求的必然要求。

获得的感受与体验紧密相连。网络环境为体验提供了具身的条件，增强了获得感。5G、XR、全息投影、数字孪生和云化网络等新技术的全面整合，将创造一个沉浸式环境与学习体验允许抽象的知识的可视化和呈现，创造出一种不同于传统知识传输的全新的学习方式。教学的空间和时间界限将被打破，学习环境和课堂模式被转化为一个没有界限的沉浸式课堂，虚拟和现实、时间和空间、在线和离线融合，学习者将能够按照他们认为合适的方式使用场景，体验与学习资源互动的乐趣，激发好奇心，进而促进对所掌握知识的理解。现时代的思想政治教育要注重沉浸式体验空间的打造，创造一个全新体验和学习空间，学习者可以在其中感到舒适，产生共鸣、互动探索、分享经验以及感受个性。可以说，沉浸式环境与体验的最重要的特点是身体和内在感受的统一。因此，在"智能＋"时代，探索沉浸式体验的适用空间，对于培养广泛的创新人才，促进学生的个性化学习与发展，具有重要的意义。

3.2　高校网络思想政治教育获得感生成条件

思想政治教育作为主观的获得感受，对于教育者和受教育者的主体性建构提出新的要求，明确在高校大学生思想政治教育的过程中，教育者和被教育者在共同建构范围内。

3.2.1　需求导向设计

思想政治教育本质上是人的工作。关注学生生活、立足学生需求、重视学生

---

① 李占锁.思想政治教育中情感教育的机制和规律探讨[J].中学政治教学参考,2013(7):27-29.

发展,是高校思想政治教育实践的前提条件,也是高校思想政治教育内容的真正导向。在智媒时代,各种信息纷繁复杂,高校思想政治教育必须要认清内容为王,强化内容中的核心要义,以高校大学生的需求为导向,积极推进内容供给侧结构性改革,开创出可持续、有特色、受欢迎的高质量网络思想政治教育作品和产品,以新颖的内容吸引学生的关注。如前所述,网络参与的一个重要特征之一是其强目的性,而目的受需求驱使,高校大学生的内在需求随着社会发展形势不断变化,呈现明显的个性化、多元化、多中心化特征。网络参与和思想政治教育实效性有赖于供给和需求之间的匹配,当下思想政治教育一个明显的困境就是供给和需求的不平衡,导致实施效果不尽如人意,需要紧密贴近高校大学生的实际需求实施教育。对于高校大学生的需求关注,我们需要做到以下几点。

1) 彰显主体性以及自我选择性

尽管当代高校大学生的关注点更加分散,兴趣爱好更加广泛,但是积极向上的主流也是很明显的,青年人彰显其价值存在也很突出。他们渴求被肯定被承认的同时,也在不断探索自我,处于思想相对容易塑造的阶段;高校大学生网络参与的方式更加多元,他们相对排斥单一的说教方式,更加倾向于借助多元化手段进行自我挑战和自我探索,具体表现为视频、推文、微博等平台途径,因此其日常的"网络圈层"文化非常关键;另外还要注重情感喜好和倾向,他们注重个人感受,只要不符合自身价值取向的就不会"到场",而且往往即使"入场"了也不会"在场"。一旦供给满足了他们的需求,并在日常学习、生活和实践过程中,得到体验认证后就会形成认同,而有的内容和形式的供给,由于得不到高校大学生的情感共鸣就会遭到明显排斥。通过对网络参与需求的充分把握,思想政治教育的供给要紧随需求变化,作出有效供给,在供给内容、供给方式方面进行顶层设计以及精准化安排。

2) 内在需求的动态把握

教育者作为"供给方",在实施思想政治教育时,一般会结合党和国家的要求、自身的教学特长或者喜好倾向来选择富有普遍性、代表性的教育内容,同时也由于我国教育人口大国的特点,以及一直沿袭的教育方式路径依赖,往往更加强调高校大学生的共性和普遍需求。但是随着时代发展,每个人的主体性和自我意识增强,尤其是作为精力充沛、求知欲强的年轻高校大学生,他们追求新奇,拒绝陈旧,概而论之的教育内容和教育方式如果不能满足他们的实际需求,他们的接受性将非常低。如何在瞬息万变的时代发展中精准把握高校大学生的内心需求?如何让虚拟抽象的网络空间显露思想和行为轨迹进而对接需求?这些是获得感形成的基础和前提。网络是高校大学生表达思想、反馈诉求、寻求寄托的重要空间,同时也是需求轨迹显露的场所,他们通过多样化、便捷化的网上互动方式，诸如评论、留言、聊天、弹幕等交互平台，使用文字、表情包、图片、音频、视频等渠道或途径，自觉或者不自觉将思想认知、日常习惯、学习生活、关注焦点、衣食住行等展现于网络空间中，创造比现实情境更加直白表达的场域，也表现出比正统化的文字"无声胜有声"的情感和情绪轨迹。网络也能通过大数据技术，整合并串联高校大学生时空活动轨迹，用"算法"记录浏览时间、浏览网址、关注领域以及日常生活轨迹，进而研判他们的价值取向、心路历程和行为趋势，精准掌握高校大学生的内在需求。在掌握需求的基础上，还要精准回应需求，使得回应和反馈机制畅通，认可需求，有效回应，实现教育对象从"获得过程"到"获得感"的超越。教育供给就需要总结高校大学生的成长和成才过程的教育方法和规律，实施个性化、差异化而非灌输式的教育实践，有针对性地及时提供精准需求回应和精细化的服务，及时地进行教育资源的调配和政策的实施。

3）提供有效供给

首先是根据学生的需求优化内容生产。针对新时代青年学生对美好精神生活的迫切需要，高校思想政治教育要直面网络空间中的各种错误社会思潮，采取有效措施防范错误社会思潮和非主流意识形态，引导学生明确方向、分清善恶、站稳立场，积极宣传伟大建党精神，利用社会空间的各种教育资源，加强思想政治教育内容的时代性、社会性和新颖性，充实正能量、弘扬主旋律。二是结合学生的信息感知习惯，创新内容传播方式。根据中共中央办公厅颁布的《党委（党组）网络意识形态工作责任制实施细则》要求，推动传统媒体和新兴媒体的紧密结合和发展，推动新技术、新应用的开发和使用，构建现代思想政治教育传播体系。与传统媒体受众相比，智能媒体最重要的特点是其自主性大大增强，学生自己决定如何、何时、何地接收信息，这要求思想政治教育内容对学生具有充足的吸引力，充分考虑他们的媒介使用习惯。三是优化学生的智能媒介使用方法。学生的媒介素养可以通过智能媒体来提高。美国学者詹姆斯·波特在《媒介素养》一书中指出，媒介素养涉及不同的阶段，包括信息获取、知识整合、批判性反思和发展专业知识的初始和高级阶段。

3.2.2 场景设计供给

罗伯特·斯考伯和谢尔·伊斯雷尔在他的著作《即将到来的场景时代》中预测到，网络将会迎来一个新的时代，即场景时代，场景已经成为当代沟通与市场营销的一种重要工具。唐兴通（2015）认为，场景是将传播的环境和与之相关的因素结合起来的，对受众聚集的时空、集中的需求和共同的群体情感状况进行了研究，是现代信息传播的重要途径；朱建良、王鹏欣和傅智建（2015）认为，场景思维对传统的商业逻辑进行了解构、颠覆和重组，从而开创了一种新的传播模式；

丁蕾(2019)认为,场景营销是在不同的市场环境下,唤醒消费者某种心理状态或需求的手段,在具体场景中洞悉消费者所具有的心理状态和需求,聚焦到用户每一个小场景下的"我是谁",让用户在感受场景中所代入的精准服务之外,更能为用户发现新的需求,产生新的愿景,刺激消费者产生需求动机,为顾客提供相应的服务和产品。

"场景"除指向空间外,也包含着与特定空间和行为相关的环境特征,以及在此环境中人的行为模式或互动模式。它包含了"场"的时间和空间的物理性质和"景"的情绪、心理特征,在对空间和空间的关系进行研究时,还应注意到时间和空间中的人与事物相互之间的关系。社会学家戈夫曼提出了关于场景的相关理论,他认为社会生活就像一个舞台,人们在其中扮演着不同的角色。约书亚·梅罗维茨以场景理论为指导,把场景引入到传播学中,提出了以媒体、场景、行为为媒介场景的理论。随着数字技术的快速发展,场景的内涵与外延均突破了传统意义上以时间、空间为维度的"场"及以互动、激活事物"景"的方式。场景成为继内容、形式、社交之后媒体的另一种核心要素。

传统的思想政治教育一般在课堂等有限的时空内进行,内容有限,教育效果和生动形象性受限,最关键的是有限场域下教育对象的身心脱离,且注意力容易"出境"。网络为高校大学生的参与提供了极大便利,使思想政治教育输出和接受的时空限制缩小甚至消失。网络应用光纤通信技术和卫星通信技术把信息转化为数字化形式,信息传播速度大大增强,网络的快捷性促进了思想政治教育内容的更新速度和容量,能够制造出有助于教育对象身心在场的教育场景。同时目前时空的限制以另一种形式呈现,思政教育的内容供给时间以及空间的思政教育内容布局、形式设计受限于接受方的生活、学习以及思维习惯,尽管供给和需求都非常丰富,但是需要做到两者之间的匹配,这就需要更加精细化的思想调研,动态化掌握高校大学生需求,在主体发展需求下关注网络时空与高校大学生生活特点的嵌入方式。

3.2.3　教育与技术互嵌

技术不是独立于教育领域之外,只有与具体生产结合的技术才形成生产力。技术与教育内容、教育方式、教育主客体等相互融入,就能给教育带来巨大改观和活力,也是今后教育改革的重要方向之一。当代高校大学生有着强烈的猎奇心理,追逐生动的生活,倾向于诙谐的表达话语,不自觉形成网络社会圈群,他们更倾向于数字化的阅读,图像化表达,多媒体信息技术、光影技术、元宇宙等科学技术发展能够适应他们的需求,技术的跨时空、跨屏障、跨身份、跨功能的特征,有助于提升思想政治教育的生动性和有效性。当然,技术的出发需要促进人类的进步，换句话说技术并非全无价值属性，技术的出发以及创新的方向需要立足于教育目标，同样要具有教育全局视角，技术在为教育提供翅膀的同时，教育也为技术把握价值与方向，两者的有机融合是思想政治教育效果跨越式提升的重要途径。如前所述，思想政治教育供给需要对应高校大学生的需求，尽管形式代替不了内容，但是技术创新所带来的形式"添色"和"增彩"创新能够满足高校大学生追求差异和新颖的心理需求，吸引他们的"到场"。所以思想政治教育者需要不断主动运用新技术、新方法，了解当代高校大学生的特点，增强思想政治教育的吸引力和感染力，借助社会发展最新成果来武装教育，促进教育添彩增色。避免"新办法不会用，旧办法不管用，硬办法不敢用，软办法不顶用"的尴尬境地。思想政治教育互动主体摆脱了主客二元论角度，它把所有互动对象视为主体。为了理解沉浸传播时代思想政治教育交往主体，必须明白互动对象是多层次的全员参与。通过智能空间里的屏幕、智能终端和监控设备，沉浸的人已经从对计算机的物理性依赖中解放出来，媒介体验已经从"人机分离"转向"人机融合"，这使得目标的存在可跨越身体的界限和地理边界，随时随地都能与目标沟通。因此，在思想政治教育实践中，每个人都可以成为主体，在不同层次的互动中形成不同的关系，通过互动的冲突与整合，形成具有充分参与的共同主体。

3.2.4　教育方式创新

注重新时代全媒体视域下高校思想政治教育方式方法创新。新时代全媒体融合为高校思想政治教育提供方式方法的全新选择，教育观念是引领，教育内容是核心，教育方式方法则是两者的衔接点的实现途径，因为它直接影响着思想政治教育的效果，与高校大学生的心理直接相连，影响着高校大学生对于思想政治教育内容的接受度和认可度，因此，新时代全媒体融合视域下的高校思想政治教育方式方法要有所创新，有所突破，有所成效的多维度知识的传播，从而实现高校思想政治教育育人效果的真正实现。

新时代的背景下高校思想政治教育工作重要性不言而喻，事关青年人价值观、成长成才以及国家发展后继有人，因此思想政治教育的创新改革有着重要意义。我国思想政治教育的创新一直在路上。当下有的高校正在结合技术发展进行思想政治教育理论课的创新，改变以往说教方式，采用学生喜闻乐见的脱口秀方式，寓教于乐、寓学于乐。诸多思想政治理论课创新赢得了青年高校大学生的点赞，取得了显著成效。这些为我国的思想政治教育提供了很好的范例，全媒体融合下的思想政治教育，应不断追求方式方法创新，改变以往传统说教方式，注重知识传播方式新的飞跃①。主要可以从如下几个方向开展。

第一，将单向教育拓展为互动的双向交流。传统单向的灌输忽视了学生的主观能动性，教育的过程脱离不了双向互动，教育对象是鲜活的人，而非工具，思政教育工作者需要顺应时代发展和年轻人的需求发展，改变传统教育模式下一味控制教育对象的心态，主动与学生沟通，以消除学生的叛逆和反抗，促进正向交流。

第二，用情感感染取代抽象的说教。大多数传统的思政教育方式是枯燥的、僵化的、呆板的。换句话说，思政教育工作者需要摆脱既定的传统教学方法，在目的上区分不同对象和不同层次，并以有目的的方式教学。

第三，变被动为主动。思政教育贵在及时解决学生的世界观和价值取向问题，这就要求思政教育工作者最大限度地掌握收集、获取和整理信息的技巧，能够迅速识别学生的观点动态，预测和解决可能出现的矛盾，尽快解决问题，培养在不可预见的情况下采取行动的能力，在重要的是非问题上采取坚定而明确的立场。

3.2.5　思想政治教育评价

思想政治教育评价是思想政治教育成效的重要环节，优化和完善思想政治教育质量评估有助于指明思想政治教育的方向。新时代高校思政教育工作评价要注重时代性。在新时代背景下，高校思想政治教育面临着教育地位及舆论环境、教育主体及客体、教学载体等方面的变化。从实际出发，要求使用现代化的评价方法、方式、手段，考察思政教育的针对性和实效性；体现整体性、系统性和价值性，将思政教育的特殊性与高等教育人才培养结合起来。《中共中央、国务院关于进一步加强和改进高校大学生思想政治教育的意见》中明确规定：要把高校大学生思想政治教育工作作为对高等学校办学质量和水平评估考核的重要指标，纳入高等学校党的建设和教育教学评估体系。思想政治教育的正确评估，也就是思想政治教育真实的正确反馈，它确定了思想政治教育实施的实际效果，为教育者进行有效的控制提供客观依据，因此，对思想政治教育评估展开研究是思想政治教育科学化的重要前提，它为创立科学的思想政治教育学的理论体系奠定了基础，对于加强思想政治教育基础理论建设，促进学科的科学化进程有着重要的意义。

思想政治教育过程本身是一个由外在规范到内在自觉、由理性认知到情感升华、由心理认同到行为表现的长期过程，因而其评估的过程实质内含着以下几

---

① 李涛，闫成俭.全媒体融合视域下高校思想政治教育创新路径探析[J].思想理论教育导刊，2019(05)：135.

对相互矛盾的范畴：理性认知与情感认同、内在思想与外在行为、长期浸润与瞬时感悟。这几个范畴之间既相互对立，又相互渗透、相互补充，这样的特点决定了思想政治教育质量评价的艰难，尤其体现在其思想内在的波动、情绪的体验、感受上的升华等。这些内在体验很难用具体的外在指标予以衡量和观察，除了具体的行为表现可以目测之外，较难用外在的可观察的指标对应内心的情感体验。思想政治教育既是理性教育又是情感教育，价值判断是评价的最本质特征，高校大学生思想政治教育评价通过对高校大学生思想政治教育过程、结果的价值判断，可以掌握高校大学生价值实现的状况，并预测动态趋势。目前思想政治教育评估过程中，不少并没有把握住思想政治教育的核心和本质，对政治认同感和政治归依感缺乏有力的分析判断，人们对于从利益认同走向价值认同的高校德育内容体系难以形成一个全面客观的共识，往往抓住的还是表面的问题，使得评价效果不佳，陷入无法衡量思想政治教育实效的困境。思想政治教育不是单纯的事实测量，要使判断能够充分反映教育主体的主观愿望及内在需求，评价过程不能排斥人的主观世界，不能停留于教育实践的具体情境之外，这些变化迫切需要思想政治教育评价进行调整，作为指挥棒引导思想政治教育的发展方向，不仅注重定量评估，也要注重定性；不仅要客观评价，也要主观评价；不仅要知识评价，还要情感和价值评价。

大数据、人工智能提高思想政治教育评价的精准性和有效性，为思想政治教育质量评价提供了重要的技术支持和智能保障。从技术应用所需要的社会条件来说，人工智能是以大数据实时采集和分析为前提的。当电子媒介在人们的生活中广泛应用，数据生产从 PGC（专业生产内容）到 UGC（用户生产内容）转变，主要表现为，用大数据把握人的思想动态与过程记录，通过数据分析的方式基本可以还原人的思想活动，至少可以作为理解人思想的辅助工具。如果把人的思想拆解开来，其中留下数据痕迹的部分，可以作为思想政治教育评价的依据和参考。

第一，网络参与背景下思想政治教育的评价理念。大数据体量无限性与思想政治教育质量评价的针对性、传播的迅捷性与评估的时效性、来源的多样性与思想政治教育评估的参与性、多元性与思想政治教育质量评价的精准性之间有着密切的关系。建构大数据视野下思想政治教育评估体系，从评价理念而言，除了评价主体的评价、师资队伍的评价、教育对象的评价、实施过程的评价、教育环境评价等，大数据的评价则将在此基础上同时考虑思想政治教育的"多因性"带来的多种"渗透机理"因素；在标准设定上，在考虑社会需求、保持思想政治教育目标的相对独立基础上，大数据要考察思想政治教育中的人文精神，精细分析思想政治教育中"人"的教育评估因素。评估理念上，需由学理主义向实证主义的转变，坚持评估的价值与事实统一，同时整合各种研究方法。

第二，网络参与视野下思想政治教育的评价技术。人工智能最初的技术定位是根据对以往数据的分析以模拟人类智能，对以往知道得越多，对未来的预测就越精准。从评价技术看，人们在社会生活中通过各种方式已经采集了海量数据，这些数据一经人工智能的分析也会迅速展现出意识形态效应，目前已经积累的数据主要包括三大类：一是在高校大学生学习生活中采集的个人基本信息，如姓名、人际交往、学习与家庭背景等；二是未经处理过的各种数据，包括以往的学习成绩、个人社会活动范围内积累的结构化程度较高的数据，这些数据目前正在快速数字化，以方便运用先进的技术展开研究；三是借助技术信息被收集起来的处理过的数据。人工智能在处理这些数据时，其明显优势在于，能够快速分析、及时跟踪、实时同步更新，甚至很快可以实现零起点的自主学习，人工智能超越了以往的抽样调查方法，面对全体数据样本，把结构化数据和非结构化数据结合起来分析。它最能取代的就是全民思想状况调查、社会思潮分析和舆情监测等工作，这是当前思想政治教育研究的重点内容，使用大数据能够节省巨大人力物力。与此同时，人工智能可以对一定时段的思想文化变迁进行历史分析，可以实现信息的精准分发。这些技术为精准宣传主流意识形态提供了便利条件。

第三，网络参与视野下思想政治教育评价的辩证思考。在理念与技术探讨的同时解答两个疑问：一是大数据支持下的思想政治教育仅注重技术因素，是否会陷入定量研究或者科学主义的陷阱？二是大数据引入思想政治教育评估中，是否无视其价值考量？在人类发展得到诸多技术保障的同时，我们应该清醒地意识到，无论技术发展多么精进，思想政治教育首要目的是做到促进人的自由全面发展、维护意识形态安全等，在技术为人类带来便利的同时，我们需要思考两者各自优势在哪里，嵌合点在哪里？技术如何为思想政治教育提供新的生发点？其实，越是技术发展的背后，作为研究"人"的思想政治教育质量评价，就越需要立足于"人"，越需要发挥思想政治教育主体的主观能动性，越要把握思想政治教育对象的内在需求，技术探析大数据与思想政治教育效果评价之间的现实与价值契合，通过大数据的挖掘技术与人工智能算法，建立思想政治教育的大数据评价体系，动态监测和客观评价思想政治教育的实际效果，将科学主义与价值主义充分结合。

3.3 网络思想政治教育获得感的生成机制

3.3.1 思想政治教育的主体建构

所谓的主体化建构意味着教育的目标是为了促进每个人的发展，每个人都有出彩的机会，每个学生都能找到自己的人生目标和展示的舞台，他们能够自主性地确立发展方向和路径，并且有自身的思想主张和人格标签。面对铺天盖地的网络信息，对高校大学生的主动选择能力和价值判断能力要求更高。在思想理性基础上，高校大学生对于网络参与方式、参与内容、参与平台等需要随时随地进行选择，对"荣"与"耻"、"真"与"假"、"对"与"错"、"善"与"恶"、"美"与"丑"、"义"与"利"等有着清晰的分辨能力。在网络参与的过程中，需要保持清晰的内容和方向，因此，网络参与和主体化建构是双向互为促进的过程，思想政治教育主体性建构的过程同时也是获得感生成的过程。网络的出现促进了教育从单向度和单中心①向双向度和多中心转变，传统的教学方式受到了挑战，曾经界限分明的"教—学"身份标识逐渐淡薄，促进了教育主体化意识的萌发和增强。尤其是高校大学生的价值观追求多元，在追求目标和表达上尊重差异，处处彰显和标榜自我意识。在网络促进自主性同时，网络社会对于自身主体化要求也提高。传统教育模式下教的主动和学的被动表现明显，尤其是高校大学生多是接受角色，主体性薄弱，但是在信息传递数量和速度相对有限，以及社会变化速度较慢的环境中主体能力确实要求不高。现代化网络参与过程中，信息更迭速率极高，对高校大学生主体化要求更高，才不至于在光怪陆离的信息流中迷失自己和行进的方向。

对思想政治教育的主客体关系研究有三种观点："'教育者主体说''双主体说'以及'主体际说'"②。"教育者主体说"与"双主体说"都有强调主客体二元论的认知模式，"主体际说"则是以互动实践为基础，强调互动过程中的平等性，强调教师和学习者在互动实践中的相互影响。互联网时代人与人、人与物的互动已经超越了地理和身体的界限，思想政治教育的主体和客体之间的交往越来越密切，互动越来越频繁。思想政治教育交往主体不是无主次的、平等的主体，而是复杂的、具有层次性的主体③。

后现代主义的代表人贝克尔（Becker）认为，当下网络中的主体多重身份是对传统人格主体观念的挑战，即当网络主体处于多样性、差异性、灵活性的网络环境时，它往往会产生改变自己主体身份的需要，并对其产生自我认同，行为主体既想要逃避现实，又想要改变自己主体身份，同时又要表达自己主体性的创造，网络主体的这种特性反映了主体创造性的需要，也是主体性的发展、再生产和表达。社会批判理论代表人弗洛姆（E. Fromm）认为，人们会因为对现实世界失望而产生想像和幻想，这就使得虚拟世界中进行"线上建构"一个或多个与现

---

① 卢山冰，黄孟芳. 网络主体的理性解读[J]. 自然辩证法通讯，2003(04)：11-15.

② 戴艳军，董正华. 试论思想政治教育交往主体[J]. 教学与研究，2014(04).

③ 王嘉，张维佳. 论沉浸传播时代下的思想政治教育[J]. 教学与研究，2020(01).

实世界不一样的自我成为现实需求，在这个虚拟的、自我打造的空间里，可以突破现实世界的束缚，主体的虚拟性、平等性和多维性，能够实现自身在现实世界中无法得到满足的精神补偿和心理慰藉，网络主体对自我的"线上建构"在某种意义上是一种全新的崇拜①。

新时代高校思想政治教育作为一项实践活动，其主体构建具有具体的社会实践特征，是人的自主性、自觉性、能动性和创造性的高度概括，它使得人在认识世界和改造世界的过程中显示出强大的智慧力量，强烈的自我意识的觉醒，充分发挥主体的主动性和创造性，充分体现思想政治教育的目的。高校思想政治教育必须自始至终完成建设人的主观能动性的任务，摒弃功利性的价值取向，在教育过程中重视学生的主体地位，发挥和探索学生的自觉性、主动性和创造性，引导高校大学生通过自我反省和自我发现来发展自我意识、在自我发现中完善自我个性、通过自我调整实现自我价值。这里需要做到以下几点。

第一，注重发挥教育者的引领作用，教育者与教育对象的获得感实现双向促进。教育者积极引导受教育者树立正确的思想观念和价值观，在此过程中自身追求的理念信念也在不断得以厘清和夯实，对于自己和教育对象之间、自身和社会之间的融合及互动有了更确切的认识，如此又促使了教育者对教育对象实施正向价值导引和人格影响力。新时代高校思想政治教育的主体性构建具有其系统性，从内容和过程而言是目的性、知识性与价值性的辩证统一，从教育关系看是教育者和教育对象相互作用、共同成长和获得的过程。

第二，遵循教育要求与教育主体性发展水平保持适度张力的规律。这符合学习圈层理论，根据该理论只有当知识处于学习区域并且比"零界点"稍微复杂时，才可能更主动地予以吸收和消化，教育者实施教育时充分遵循特定时代背景下的教育规律，以及教育对象的认知特征，在此基础上统合自身的认知结构和经验，既能从原点出发又能结合日常生活，既能着眼宏观叙事又能立足微观实际，如此能够引导教育对象既能看到"诗和远方"，又能脚踏实地。这里也要充分考虑到一个事实，就是高校大学生的学习过程是不断向外拓展的过程，教育者的认知结构和视野须不断扩大和更新，才能有效吸引教育对象的关注度和兴趣，进而使得他们的学习区不断扩大。

第三，遵循思想政治教育循序渐进的规律。思想政治教育本是做"人"的工作，塑造人的思想和价值观绝非一朝一夕之功，需要长期浸润和"滴灌"，否则只能适得其反引发厌恶感。教育的过程应该充分尊重人的认识规律和情感规律，在乐于接受到善于接受的场景中完成，如此的教育才能深入内心完成价值观的

---

① 卢山冰,黄孟芳.网络主体的理性解读[J].自然辩证法通讯,2003(04):11-15.

逐渐渗透。当前思想政治教育中存在着急功近利效应，注重表面功夫，以纷繁复杂的形式化创新掩盖实质上的怠惰和冒进，片面追求眼前效果。为了克服这些问题，既需要大中小学思想政治教育实施一体化建设，促进思想政治教育的连贯性，同时也需要以循序渐进的方式加强思想引领和价值促成。

第四，遵循思想政治教育知行合一的规律。思想政治教育在高校中发挥至关重要的作用，需要做到理论性和实践性的统一，在科学理论的基础上育人，在实践性的场景中化人。教育场景中的主体性，只能在实践中予以体现，获得感也只能在实践中予以强化。理论上的教育获得或者情感共鸣如果不能在实践中予以验证终将是半途而废或者昙花一现，只有在实践中将"思政小课堂"与"社会大课堂"有机结合，探索实践教育场景与情感完善的融合路径，才能真正在思想政治教育过程中形成获得感。这需要不断完善高校大学生价值行为养成机制，规范日常行为塑造，同时完善管理制度，加强政策引导，为教育者和教育对象的主体性构建提供制度化、规范化、经常化、长效化的有力保障[①]，在高校大学生主体的自觉能动性的作用下明确正确的人生方向，使高校大学生自我价值和人生社会价值将得到同步实现[②]。

3.3.2　价值内化机制

价值内化首先要实施价值引领，引领机制是通过网络交互与反馈，形成正向的判断与价值感，激起理性意识，进而形成对主流价值观的共识。教育形式千变万化，网络内容纷繁复杂，信息海量，更新快捷，但是所引导的正向的价值观是永恒不变的，这恰恰是获得感形成的来源和基础。那么如何在这样的背景中，辩证地把握形式之"变"与价值观目标坚持"不变"两者之间的关系，如何在物质世界的欲念包围中让高校大学生形成正向的符合社会发展的主流价值观？又如何在狂欢喧哗和浮夸表达中形成理性而科学的思考习惯，最终在高校大学生内心构筑起一个厚重的意义世界？价值引领的主流目标和形式上的潮流展示两者如何并融？对于这些问题的回答恰恰就是网络参与过程中价值引领机制的思考。无论社会如何发展，也无论形式作何变化，价值引领的目标是秉承不变的，这就需要顶层设计，围绕"为谁培养人、培养什么人、怎样培养人"的核心目标，构建涵盖内容、方式、目的的完备的教育目标，引导高校大学生思考如何在碎片化、娱乐化、消费化的网络世界中建构价值理性系统，在网络空间中以潜移默化的、"润物细无声"的形式彰显思想政治教育的理论品格。顶层设计后，具体操作中秉持知识的系统性、逻辑性，严谨的逻辑说服学生，理论的彻底性征服学生，当然也要注

① 朱爱胜.论新时代高校思想政治教育的主体性意蕴[J].江苏高教,2020(08):98-102.
② 李宏刚,等.论高校大学生"主体自觉"的内涵及其价值[J].国家教育行政学院学报,2018(11):44-45.

重以丰富的贴近学生的话语吸引学生，生动的场景打动学生，目的是能让学生感受到理论和文化的自信，促使学生在接触到网络上点状信息或者案例时，能够保持清醒的头脑，学会用主流价值观的中心线进行串连和解读。高校大学生在参与网络活动时进而能够清醒地进行判断和谨慎地发表言论。在具体方式上，要用贴近高校大学生的网言网语，网络的新符号来阐释和解读经典理论，在话语表达上尽量摆脱文件传达或者命令式的话语，有效呈现经典理论的体系与魅力，尽力体现思想政治教育的科学实践性，同时彰显其人文关怀性。

3.3.3　需求驱动机制

有研究发现，中国青年群体中的"社会疏远感"和"政治冷漠感"日益凸显（程桂龙，2018），"佛系""低欲望""躺平文化"等现象越来越多（朱美燕，2018；宋德孝，2018）[①]。这确实一定程度上解释了目前有的高校大学生热衷拜佛、购买彩票的怪诞行为，所以思想政治教育需要建立在了解学生需求以及有效释放动力基础上。需求驱动是指通过恰当的激励方法，鼓励高校大学生敞开心扉，坦露困惑，表达自我。网络空间获得感的形成，首先要知晓教育对象在想什么？需要什么？如果教育对象一直游离于网络之外，作为旁观者无法形成获得感。网络思想政治教育一切精心的设计，不仅仅包括由教育者实施"单边单侧"的教育供给创新，而更加应该考虑到高校大学生的实际愿望与实际需求，这就需要激发高校大学生们的网络表达愿望。相对于现实社会，高校大学生在网络空间的愿望表达更加真实，是其需求的直观甚至是较真实的体现，这也成为教育者观察施教的切入口。网络能够为高校大学生的愿望表达提供诸多便利，比如多样化的互动平台，在趣缘相近的网络圈层内高校大学生可能更加乐于和善于表达自我。在一个相对熟悉的网络群内也有助于激发高校大学生的主动表达意识，包括发出疑问、自主学习、表达困惑、助人解疑等，他们更容易敞开心扉，坦露困惑，表达自我，因而需要具体设计特定的空间和场景。在相对轻松和心理安全的环境内，一般通过拥有相同审美旨趣和价值取向进而相互之间建立了身份认同，比如主播与粉丝们建构了一种情感和身份认同，维持了互动的稳定性和持久性，他们经过精心编排和录制的图片、视频和音频表象内容等传递给观众，但是实质上这些就是架起主播和粉丝进行情感沟通的一系列符号桥梁，通过这些镜像能够吸引住潜在的、分散的用户，加上粉丝们喜好的、能贴近他们现实和生活的主题设置、娱乐、场景化体验等方式，通过屏幕传递了共同期待的情感愿望和价值目标，并且进一步固化了相互之间的情感和认同，更加锁定了群主和粉丝之间的联系，进而

---

① 黄永亮.中国"90后"青年的社会参与研究[J].青年研究,2021(04):11-23+94.

达成了非正式但是却胜似正式签订的身份和情感协议。借鉴这种模式，高校内通过一定网络平台，精心设计高校大学生感兴趣的或者接近他们日常生活的案例、事件，或者围绕他们困惑的焦点话题等，让高校大学生充分表达意见看法，并尊重他们的不同意见，也可以借鉴积分、兑换、弹幕、打赏等，促使主动表达，以了解他们的真实想法与诉求。正如网络数据主义倡导的那样，如果网络体验不分享也就没有了价值，也并不一定去给这种分享寻早或者赋予意义，就是通过记录体验，进而将之连接到整个大数据流中。可见对于高校大学生而言分享是交流的前提，交流又是获得感形成的前提，我们所要做的就是如何搭建恰当的平台，如何建立引起情感共鸣的内容，以及形成共同价值认同的教育圈群，并思考如何才能吸引并留住外围学生。

3.3.4　情感激发机制

思想政治教育的本质具有稳定性，但其形式需要随着社会的进步与时俱进。情感教育是现代思想政治教育的有效组成部分。情感激发指通过网络参与，引导建立高校大学生的情感体验，以健康、积极、向上心态参与网络，有效借助网络资源以及网络先进技术，焕发高校大学生内心共情、共鸣、共振的情感体验，以健康、积极向上的心态参与网络，在思想政治教育过程中身心合一。苏霍姆林斯基曾说："情感是道德信念、原则性和精神力量的血肉。"高校大学生作为网络原居民的一代，网络是他们学习、生活、交友的重要场所，一定程度而言，也是高校大学生心灵憩息的空间，情感生发之地，因此网络空间打造也应顺势而为，构筑高校大学生精神家园和情感寄托之所，借助技术手段，贴近高校大学生的接受特点、生活需求以及现实环境，利用声音、图像、视频等元素的合成，构建包含真、善、美的体验场景，在真切的场景内给予高校大学生所不曾经历过的体验，引发情绪情感激烈反应，重新塑造一部分被侵蚀和消解的意义世界，激发高校大学生对理论以及原有知识结构的理解和领悟，尽量摆脱凸显狂欢娱乐或者为消费主义所主导的物质世界，建构网络中塑造本原的情感世界和意义世界，促进青年高校大学生成为"有血有肉"、有思考有情感的人，情感教育规律是构成其要素和其功能中出现的矛盾倾向之间的基本联系。情感是对某一事物的认识所产生的强烈情绪反应的结果，也就是说，一旦当或者只有当对某一事物或者知识形成情感时，必然会对认知产生影响，成为调整认知活动和价值观的一个重要因素。基于此，我们可知情感机制是指有良好认知的教育者将积极的心态影响和引导受教育者进行学习，形成一个人或一件事物对某个人或某件事形成强烈的兴趣，或者对不符合主流价值的建立排斥或者厌恶感。情感对人类的发展有着很大的影响，帮助受教育者把教育内容从外在接受转化为心理认同。

思想政治教育过程中情感的发生取决于其内容和形式等方面的不断完善优化。首先，思想政治教育的内容要有吸引力，主要表现在要具有前瞻性、科学性和示范性，这样才能建立起高校大学生了解的动机和愿望，进而形成情感意识，反之如果思想政治教育的内容总是空洞苍白的，高校大学生就会排斥，甚至心底形成厌恶，也就谈不上形成情感认同了。其次，教育者的素质对思想政治教育发展也至关重要，本身也是教育对象的一面镜子，如果教育者有良好的道德品质、渊博的知识，日常工作和生活中形成的积极的人生态度、坚定的意志都能影响受教育者。

1）情感互动

情感互动是其中一方将情感传达给另一方，从而影响对方的情感。教育者要向受教育者表现出关注、爱护和尊重，让受教育者完全信任自己，这样的情感互动有助于让受教育者与教育者之间形成强烈的情感共鸣，促进受教育者心理发展，并加强人际关系。因此促进思想政治教育开展，情感交流规律对教育者提出了许多要求，首先，教育者的情趣、信仰、能力、气质等人格因素，在师生互动中非常关键，情感教育重要的是用自己的情感和魅力影响和感激励他人。其次，教育过程中教育者要通过传递情感、认知等因素感染受教育者，使受教育者有积极的情感体验，对某事某人形成热烈的崇拜，或者强烈的向往，提高受教育者的主动性，调动受教育者认知的积极性，因此积极的情感体验非常关键。再次，教育者与受教育者的互动需要良好的氛围和环境的保障，和谐、融洽的气氛有利于促进教育者与受教育者形成融和的关系，在情感互动过程中，教育者应强调理性和情感的结合，既要做到以理服人，同时也要注重动之以情感动受教育者。

2）日常情感融入

生活是情感发生的源泉和基础。情感教育需以生活为基础，教育活动的过程和机理融于日常生活中，以利于教育对象在日常生活中感受到人生的哲理，并不断体验上升至价值观的层面。情感融入生活的意义在于高校大学生在潜移默化中学习了价值观点，并且在日常生活中不断进行验证和内化，更加具象和生动。现今思想政治教育融于生活成为符合时代发展的趋势，情感不是无中生有，生活是其媒介和源泉，情感教育中的生活机制立足于生活与感情紧密的联系之中，通过对生活经验的不断总结与概括，逐渐在思想领域形成理论提炼，情感教育在利用生活机制开展活动时，务必重视以下几点：第一，生活是情感教育的源泉，每个教育对象的生活经历不同，对生活的感受不一样，教育工作者需要根据受教育者的实际状况，根据学生的个性特征、心理需求等对其展开具有针对性的教育活动。第二，教育来源于生活，也要立足于生活，生活是能让情感体验与优秀情感品德得以形成的场域，也是人生活和发展的根本。脱离了学生生活的思想政治教育，是无法在心灵内心形成共通的思想的，最多是相互注视终究无法实现凝视。第三，重视体验和实践。情感教育的目的在于使人对生活、对人生有着更深的体悟，并使实践生活更有方向，生活本身就是实践，教育者不能脱离生活中的体验和实践，当下的劳动教育等其实就需要充分融入生活进行教育的好场景，教育者要充分利用生活的大场景教育，在生活中实现教育，并在日常活动中提高综合素质。

　　3）情境创设

　　情境是情感的来源，作为教育者需要有意识有能力设计情境，日常教育活动中能有计划、有目的地创造情境，为受教育者提供一个逼真的、有利于促发情感生发的环境。教育者可以根据受教育者心理发展水平、认知基础以及情感体验水平等，设计促进其心智和道德发展的情境，有利于教育者和受教育者以及受教育者之间的情感交流，形成情感共通和共鸣，使情感教育的功能得到最大化发挥。现实情况下，随着技术的发展，除了原有的与教学相关的情境，以及一些可以运用于教学之中的影视作品情境外，可以根据教育内容、教育目标的要求，进行有针对性的情境设计，在技术赋能下，促进受教育者内在系统受到思维和情感刺激和影响，进而促进道德水平和内心的感悟深化。

　　近年来教育领域中情感计算和情感分析技术应用得以快速发展，在教育反馈与干预[1]、优化师生体验[2]等方面发挥了积极作用。从结构层次化的角度来看，情感计算技术的体系架构由数据、模型和可视化[3]三个层次构成，可为教育应用过程提供一个有效且可靠的分析框架。首先，数据层是基础，包括学生情感数据的采集、脱敏、清洗、存储、处理和分析等技术环节，涉及学生行为数据、生物特征识别数据、语音数据等。其次，模型层旨在解决学生情感建模和智能决策等问题，通过提取多模态情感特征，经过算法设计与实现，完成特征级或决策级融合，识别并判断学生的情感状态。最后，可视化层是借助 5G/F5G、物联网、VR/AR 等技术，通过可视化界面将编程后的指令传递到真实世界，实现学生个体情感信息呈现、群体情感氛围场进化、个性化教学策略反馈与服务等[4]。

3.3.5　沉浸体验机制

　　体验是这个时代的标志之一。"体验"即"以身体之，以心验之"，前者表达人

①　阿兰·柯林斯，理查德·哈尔弗森.技术时代重新思考教育[M].陈家刚，程佳铭，译.上海：华东师范大学出版社，2013：109.

②　梁丽，苏湛.计算机模拟的认识不透明性[J].自然辩证法通讯，2021，43(11)：39-45.

③　薛耀锋，杨金朋，等.面向在线学习的多模态情感计算研究[J].中国电化教育，2018(2)：46-50+83.

④　蒋艳双，崔璨，刘嘉豪，等.教育领域中的情感计算技术：应用隐忧、生成机制与实践规约[J].中国电化教育，2022(05)：91-98.

的身体感官参与,后者注重人的主观、情感介入。体验是多层次的,包括情感体验、感官体验、行为体验、认知体验等,其中情感体验是其最高形式,为高校大学生创建丰富的情感体验是今后思想政治教育的一个重要方面和趋势,比如在某些体验式展览中,观众观展的目的已经不仅仅是接受信息,而是在这个巨大的"信息场"中生活和存在,在身体和心灵中体验它,解释信息和建构意义,同时获得情感上的参与和多层面的体验。当然,不同的信息编码方式与空间结构、不同的场所气氛营造与数字化技术,都会对教育对象的情感体验的维度与程度产生不同的影响。创造能够唤起观众记忆与共鸣、挑战和刺激的大型场景,以及组织能够在生理或心理层面上不断互动的空间,都更有可能抓住观众的注意力和参与感,进而导致对内容和价值观的情感和心理认同。因此,深入了解观众的认知模式和情感体验准则,是思想政治教育情感体验设计的关键。场景逐渐成为继内容、形式、社交之后媒体的另一个核心要素,体现在商业市场环境下公开竞争不断分化的消费市场环境下,媒体有效地创造场景,以满足消费者细分和多样化的信息需求,思想政治教育领域也可以和需要积极吸收市场发展的成果,有效开创沉浸体验场景,提高传播效果,吸引更多高校大学生参与到思想政治教育情境中来。关于沉浸体验场景,国外已经有不少研究,比如:斯考伯"场景五力"观点,将场景的概念引入虚拟在场之上,它位于现实空间和人们行为心理的交界处,是一种可重复体验式的交互场景,柯林斯在互动仪式链理论中提出了个体的情感能量概念,个体情感能量的满足程度决定了用户的参与行为,因此如果用户在内容获取的过程中感同身受,与创作者形成了某种程度上的心流交流,便会进入到心理层面的闭环场景中。这些研究有助于思想政治教育场景研究领域的拓展,形成与思想政治教育本质相适应的场景设计依据①。

---

① 李润泽.场景空间的三度划分:媒介融合背景下融合作品场景建构模式和策略研究——以第三十届中国新闻奖融合创新类获奖作品为例[J].新闻传播,2021(21):16-18.

第4章
高校网络思想政治教育主体获得感的实证调研

4.1 高校大学生网络思想政治教育获得感的实证调查

4.1.1 调研分析

我们通过调查问卷的形式,向上海市 7 所高校本科和研究生随机发放,回收问卷 615 份,有效率 95%。

4.1.1.1 样本构成概况

此次专题调研回收的 615 份问卷中,样本在性别、学历、专业、政治面貌构成如下:性别方面,男女生各占一半(男 51.54%,女 48.46%);从学历成分来看,主要为本科生(约占 92%)、研究生(约占 8%);从专业分布来说,54% 来自理工科专业,其余 46% 来自文史哲学、艺术等其他专业;被调查者的政治面貌方面,团员占多数,党员人数占总人数的 4%。

4.1.1.2 调研结果与分析

1) 每天使用网络的时间

在被调查对象中,有半数以上学生每天使用网络的时间多于 5 小时,仅有 1.63% 的学生每天使用网络时间少于 1 小时。根据第七届中国网络视听大会上发布的《2019 中国网络视听发展研究报告》显示,中国手机网民平均每天上网时间长达 5.69 小时,这和我们的调查结果是相吻合的。

作为网络原住民的一代,网络不仅是获取信息的重要途径和工具,同时也是他们重要的生活方式,所以高校大学生每日生活和网络密切关联。形成这种现状的原因主要有:校园网络资讯的发达,流量资费下调,5G 网络的覆盖普及大幅度提高、手机应用和网络资源的丰富多彩等,随着网络信息技术的发展,未来几年网民每天使用网络的平均时长将会逐年升高,如图 4-1 所示。

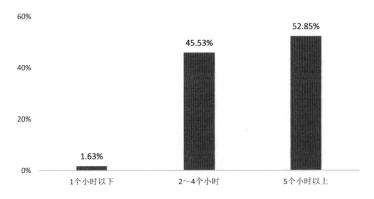

图 4-1　网民每天使用网络的平均时长

2）网络上获得信息来源的主要途径

随着可移动互联网的发展，各类手机应用层出不穷，不断满足广大用户的需求，在众多应用中，社交新闻类 App 成为网民获取信息资讯的主要来源，很大程度上代替了电视、广播等传统媒介。其中微信/QQ/微博是被使用最频繁、资讯最多的三款应用，均为社交型 App，基本占据所有网络信息渠道的 60% 以上。这说明用户对于网络社交和信息获取的需求很大，同时，资讯可以通过庞大的社交基础来实现更好的流通和传播。如图 4-2 所示。

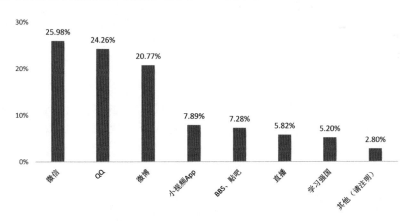

图 4-2　网民获取信息资讯的主要来源

3）用户政治面貌和性别

通过交叉分析用户政治面貌和 App 使用偏好，我们发现使用人群分化最明显的是学习强国 App，在团员和群众中学习强国的使用率均低于 13%，而在党员用户中学习强国的使用率高达 92%。一方面是因为学习强国面向的用户主要为党员，另一方面说明广大党员用户通过网络进行思政教育的热情较高，有很强的自我学习能力，积极加入组织的同时也有很强的学习觉悟。还有一部分先进团员也通过学习强国 App 进行思政学习，最高达到 85%，而一般群众只有 76%。

经过进一步交叉分析，我们发现性别对于 App 使用偏好的影响也比较明显，男生用户在贴吧、直播、小视频等类型 App 上的使用频率高于女生用户，女生用户在微信、微博上的使用频率远高于男生用户。这种差异来自性别偏好，男生用户对于体育竞赛、游戏、直播等方面的兴趣远大于女生用户，女生用户在社交、娱乐资讯等方面的兴趣远大于男生用户。

对于新媒体网络传播工具的使用，使用人数最多的是微博日常更新（35.77%）和微信推文（30.41%），这两种新媒体平台是目前最主流、信息最集中、使用人数最庞大的。如图 4 - 3 所示。

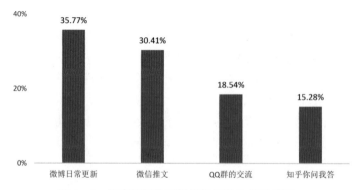

图 4 - 3　用户新媒体网络传播工具的使用情况

4）了解信息的主要渠道以及频次

在对各种类型 App 的使用频次调查中，我们发现，基本不看或者很少看"生活情感类"的用户和经常看"娱乐综艺类"的用户均有 40% 以上的占比，这说明学生用户对于手机 App 的使用方式和兴趣侧重分化明显，有相当一部分用户在生活情感类信息上花费时间较少，也有相当一部分人在娱乐综艺类信息上花费时间较多。

5）学校教育类的内容在网络浏览信息中所占的比例

在"学校教育类"内容占高校大学生上网浏览信息的比重的调查中，占比 1/3 的学生用户多达半数，一半以上的学生用户占 17%，只有 33% 的学生用户浏览"学校教育类"信息占比较少。

说明作为学校学生群体，他们会主动关注学校动态和相关资讯，当然也有部分学生群体对学校教育类内容关注较少，占到 32.52%，他们可能仅仅了解自己所学课程信息和自己的兴趣领域，而对学校发生的事情并不在意。如图 4 - 4 所示。

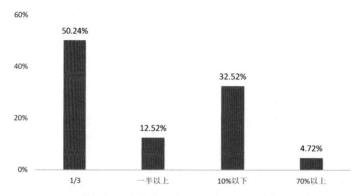

图4-4　学校教育类内容占高校大学生上网浏览信息的比重

经过进一步交叉分析，我们发现浏览"学校教育类"内容占上网浏览信息比重高达70%的人群主要集中在大四学生中，这是由于大四学生比其他年级学生面临更多的就业和升学压力，关注这类内容有助于自己随时获取资源和信息。可见学生所处的学业阶段对自身获取网络信息的侧重和偏好有一定影响。

6）网络获取相关信息的目的

调查样本对于上网获取信息的目的所呈现的结果比较平均，其中上网出于个人爱好的人数最多，高达83.9%，个人爱好主要是集中在以上分析过的生活情感和综艺娱乐类，和以学习、了解国家大事为目的的人群不冲突。出于交友目的的人数最少，只占38.2%；这个结果说明学生用户对于自己上网获取信息的目的有很明确的认识，也进一步说明目前大多数学生用户对网络的使用更多的是出于爱好和兴趣，而不是利用资源和获取、分析信息。

网络上大家热议的焦点问题或者感兴趣领域的话题时自己是否会参与以及参与方向。如图4-5所示。

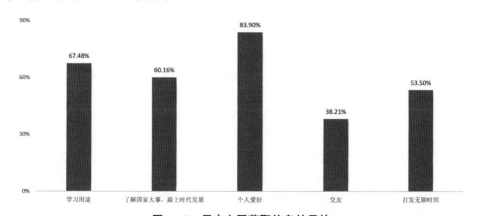

图4-5　用户上网获取信息的目的

在用户对网络焦点问题进行评论的调查中,主动参与评论的用户占比最少,不足14%,从不发表评论的人数占21.6%。如图4-6所示。

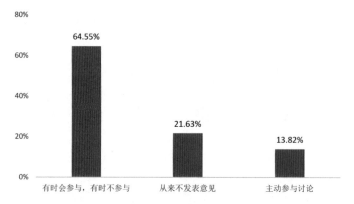

图4-6 用户对网络焦点问题进行评论比重

我们分别对以上两种用户类型进行分析,发现经常主动参与网络评论的用户更多是出于"乐于和别人分享自己观点"的目的,也有一部分用户认为应该"强调正能量和弘扬主流价值观",他们都抱持着一种积极参与网络热点问题的态度,对参与营造网络环境有很强的热情和自己鲜明的价值观。如图4-7所示。

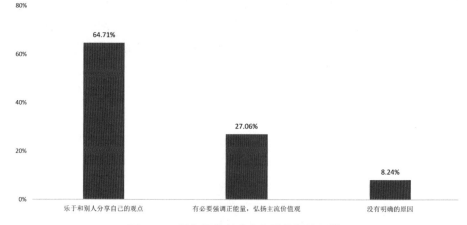

图4-7 用户经常主动参与网络评论目的

而对于从不在网络上发表意见的用户,其原因大多数为"不想瞎掺和",占比高达48%,其他用户也是抱着"没有明确意见""自己的观点没有新意""怕被人批评"等被动的态度,对于营造网络环境和表达自己的主张没有太大的热情。如图4-8所示。

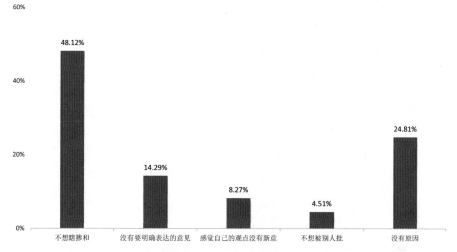

图 4-8　用户从不在网络上发表意见原因

形成这两种截然不同评论态度的原因有以下几点：一是个人性格，乐于表达自我观点的外向型和含蓄被动的内向型；二是每个人对于网络环境的反馈和认知，有人认为网络环境是公平的，谁都有评论的权利，还有人认为网络环境乌烟瘴气，网络暴力层出不穷，水军控评行为泛滥，自己的观点不但不会被认可，甚至还会遭到人身攻击。

6）对于高校大学生在网络教育领域分享自己的意见是否必要

对此问题的看法比较集中，高达 80% 的用户认为有必要，这说明作为知识分子，大多数高校大学生还是很愿意将自己的专业学识分享给大家的，从而形成一种良好的网络学习氛围。如图 4-9 所示。

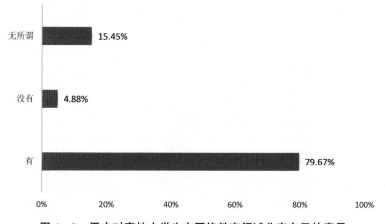

图 4-9　用户对高校大学生在网络教育领域分享自己的意见

7）我国阅兵或者航空航天事业发展等来自怎样的情感

调查显示，80%以上的网民是出于爱国主义和民族自豪感，出于道路自信感和国家强大后的安全感的网民只占不到20%，这说明随着祖国的发展和强大，人们的爱国热情不断被激发。但同时，党的十八大提出的"四个自信"中尤其是"道路自信"还有待人民进一步认识，认识到只有"道路自信"才能真正支撑人民的民族自信感。如图4－10所示。

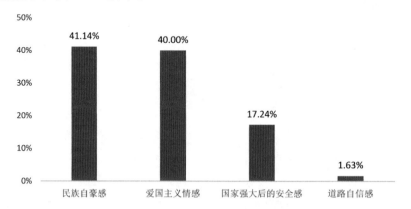

图4－10　2019年阅兵后网民情绪由来

对于这种民族情感，有54%以上的人认为是由后天教育形成，有36.26%的人认为民族情感是天生得来，这个现象很有趣。我们都知道一种成熟的价值观一定需要后天价值引导和教育才能逐渐形成，但有相当一部分人认为民族情感是先天形成的，这说明在我国，爱国教育从小就开始普及，许多人从小就开始接受爱国主义的熏陶，中华民族是一个具有深厚爱国主义情怀的民族。如图4－11所示。

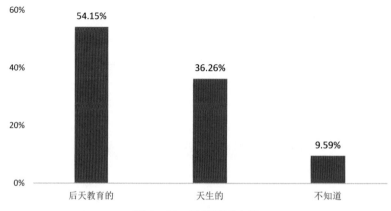

图4－11　民族情感由来

8）对于网络上一些先进人物或其事件的宣传报道的主观感受

对于网络上宣传报道的先进人物和事迹,有83%以上的用户表示很感动,也有14%以上的人表示没感觉,这说明学校还需要进一步推进爱国教育。一个民族不能没有英雄,英雄只是少数,培养英雄也许不易,但培养亿万民族同胞的奉献热情和爱国精神是十分必要的,这种自下而上的爱国教育是民族发展的根基。如图4－12所示。

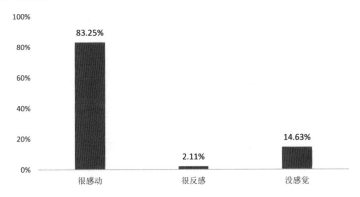

图 4－12　用户对网络上宣传报道先进人物和事迹的感受

9）对网络上的观点、言论是否能够进行符合主流价值观的认知和判断

对于学生网民是否能对网络上的观点和言论进行符合主流价值观的认知判断,有高达25%的人表示否认。现今的网络环境非常复杂,如果学校和教育部门不在源头对学生网民的思想价值观进行正确引导,将会有更多人不能对网络万象形成正确而坚定的认识判断。信息网络发达是社会的大势所趋,带来便利的同时也带来很多消极影响,怎样匡正学生的价值观是学校网络安全教育的重中之重。如图4－13所示。

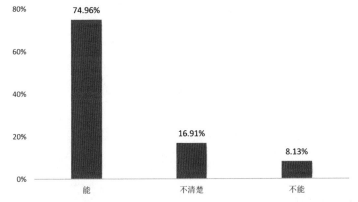

图 4－13　学生网民对网络上的观点和言论进行符合主流价值观的认知判断

10）每日在不同时间段关注的网络内容或者板块是否有区别

在每天的不同时段，57%以上的学生网民关注的网络内容和板块是有区别的，也有 43% 左右的人表示没有什么区别，这种区别主要体现在以下方面：休闲时段浏览娱乐相关内容，学习时间浏览学习教育等内容，劳逸结合，合理利用网络缓解压力，同时增进学识。如图 4 - 14 所示。

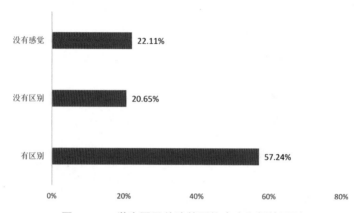

图 4 - 14　学生网民关注的网络内容和板块区别

11）日常生活和学习中更倾向于哪些新媒体的网络传播工具及传播形式

对于是否愿意主动了解学习网络上的思政教育内容，有 83% 以上表示愿意，但其中表示"感兴趣才会"的人高达 58.7%，这充分说明网络思政教育亟须通过新颖、趣味、浅显易懂、贴近生活的方式进行传播教育，这可以大大提高学生思政学习的积极性，使思政学习融入生活，不能只是空中楼阁。如图 4 - 15 所示。

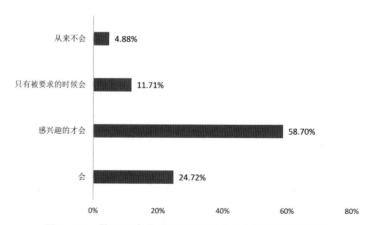

图 4 - 15　是否愿意主动了解学习网络上的思政教育内容

对于网络思政教育采用漫画、抖音或者先进人物直播等表现形式，约 85% 用户还是认可的。如图 4–16 所示。

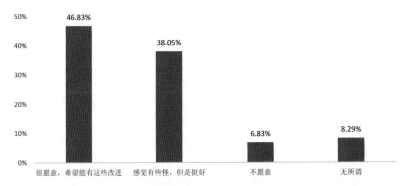

图 4 - 16　用户对采用漫画、抖音或者先进人物直播等表现形式态度

同时，他们还希望通过"多种类型的视频""生动活泼文风的文章"等新媒体形式进行思政学习。可见只要方式新颖得当，高校学生进行思政学习的积极性还是很高的。如图 4–17 所示。

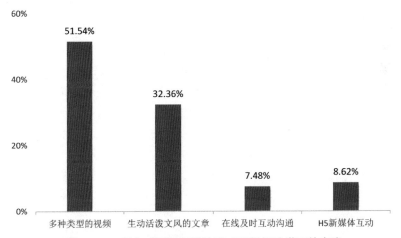

图 4 - 17　用户对不同新媒体形式进行思政学习的态度

对于这种改进，有 71% 以上的人持积极态度，这种借助网络平台，通过网络资源的充实和完善达到的思政教育效果有必要进一步研究和讨论。尤其是怎样合理利用网络的优势，降低网络的消极影响，扬长避短、合理结合是思政教育部门需要探讨的课题。如图 4–18 所示。

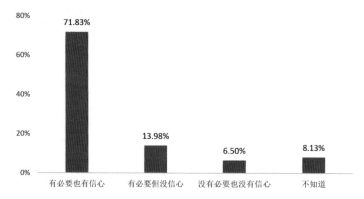

图 4 - 18　用户对网络思政改进的态度

对于用户对网络思想政治教育的参与情况，比较突出的看法是"有兴趣看官微推送的内容""希望微博微信成为思政教育客户端"，这说明只要运用合理，微博微信等主流社交平台会成为网络思政教育的有力工具，教育部门要把握好这些渠道，展示思政教育风采，丰富其内容，创新其手段。

4.1.2　调研结论

1）高校大学生网络参与度高

高校大学生的主职在学习，同时相对空闲时间较多，其参与网络的时间也较多。在信息网络飞速发展的今天，被调查的对象——在校高校大学生每天使用网络的时间占一天活动时间的 1/3，这说明网络用户对于信息获取和社交的需求很大，确实不断成为青年高校大学生的重要生活方式。在使用方向上目前网络参与中网络音乐、网络新闻、搜索引擎位列三甲，可见目前高校大学生的网络参与方式最主要的是进行网络娱乐和信息搜索活动，这点值得思想政治教育供给者的关注。目前网络庞大的信息流和用户基础是实施思想政治教育的重要优势，可以借助他们增强思想政治教育的影响力，以"学习强国"为例，它面向的用户主要是党员和团员，使用率非常高，当然其信息更新及时、权威，是网络思想政治教育应用的典范。

2）网络参与内容具有选择性

不同性别、政治面貌、年龄、学习阶段的被调查者，在使用网络思政平台、了解具体板块方面有相应的倾向。这是高校思想政治教育工作过程中值得关注的倾向，在运用微信、微博、QQ 以及其他多种类型的公众号进行推送时，要抓住目标人群，加强网络思想政治教育的针对性。例如学生在了解学校教育类内容中，普遍表现出不同年级的阶段性特征，大一学生往往对于大学适应、交友、参团等内容表现出关注;大二、大三学生的关注点则是个性化程度提高,在内容上呈现散点化特征,而大四学生往往由于毕业的需要,对毕业要求、求职等内容更为关注和认同。

3) 网络成为主要场景

高校大学生乐于使用网络平台,借助网络进行思想政治教育是有效途径。充分考虑网络安全和网络环境的影响,利用好当代青年高校大学生对网络教育高涨的热情和积极性,通过网络对广大高校大学生用户形成深刻的积极影响。从参与程度来说,学生网络用户主动参与评论对网络焦点问题进行评论的人群较少,更多是"潜水"用户,对此要作辩证分析。对于积极发声的学生要进行有效引导,网络世界纷繁复杂,部分学生无法对网络上的观点和言论进行符合主流价值观的认知判断,有时候会被不良网络声势带偏,要加强对重点事件的网络舆情关注和监督。同时为了促进思想政治教育的效果,要了解学生在想什么,想要做什么,因此在主流价值引导下也要鼓励学生使用网络积极发声,尤其作为思想政治教育方,要注重营造讨论氛围,更要挖掘讨论焦点、热点的话题,在此过程中倾听学生的声音,把握他们的思想动态。通过对某些官方色彩稍浓的网络平台的调查显示,一般平台利用率不高,主要原因在于该平台发布的内容与学生关心的主题契合度不高,学生接受程度不高。

4) 网络思想政治教育效果受形式影响愈益突出

被调查者表示愿意主动了解学习网络上的思政教育内容,但需保证内容通过新颖、趣味、浅显易懂、贴近生活的方式进行传播教育,说明只要形式被接受,思政教育内容也是通过新媒体进行宣传的,在网络思政教育的实施过程中还是要和学生的实际生活相结合,也说明了随着时代发展,教育对青年人吸引力的关注点不仅在内容,形式也是吸引教育对象的重要因素。

4.1.3　基于实证调研的总结与思考

1) 高校大学生网络思想政治教育参与特点

(1)多元传播时代学生网络参与的态度与行为选择与不同教育内容平台有关联。调研显示,在 B 站等青年学生较关注的网站和公众号,以及涉及的社会热点焦点问题,学生跟帖较多,评论较多,关注程度较高。但是有的官方网站色彩稍浓的平台,由于在内容和教育形式上没有能充分吸引学生的关注和认同,使得他们的参与率不高,在网络上并不倾向表达自我,通常选择沉默应对,处于被动接受的地位。

(2)网络上的言行表现与高校大学生的文化修养、社会阅历、成长背景等有密切联系。就网络上同一件事情,高校大学生往往会呈现不同态度、不同观点,有时甚至意见完全相左。因此,网络舆情在某种程度上也并不能完全代表民意,有时网络媒体上强势声音的传播以及活跃,部分网民表达的立场和观念,很多时候并不一定完全代表当代青年学生的内心真实想法,也不一定反映他们的价值追求。

(3)网络思想政治教育资源的供给内容和形式尚未能够充分满足高校大学生的需求。目前高校大学生的需求多样,日常表现和思想状况也呈现多元化,如何在弘扬社会主义主流核心价值观的框架下,实施有效的供给是亟需探讨的问题。当前对高校大学生热衷关注的网站及其内容研究尚不深入,对需求的了解也就处于比较浅的层次上,需要探索如何用适当的内容、适当的形式以及适当的语言和表达进行有机嵌入,促进有效供给。

(4)参与程度不深,更加关注与自身密切相关领域。尽管有研究指出,青少年的社会参与是随着社会发展而逐步深化的,但是在新媒体领域,他们的社会参与还不够深。调查发现,以新媒体为主的社会参与方式占大多数,但55.51%的年轻人并不会对某个公共事件或议题进行深度探讨,对于社会事件的后续发展,年轻人很少主动跟踪,61.67%的年轻人是消极地被动关注,有10%以上的年轻人对事件后续并不会产生太多的关注。

(5)青年在使用新媒体进行社会参与时表现出明显的群体年龄与学历特征。据相关问卷调查结果显示,各年龄段的青少年对社交网络的选择有较大的差别。14~17岁的青少年使用QQ的比例为83.33%,14岁以下儿童QQ的使用率最高(55.56%);18~35岁人群中,有很大比例是以知乎为最主要的社会参与平台,占90.32%;在这些人中,96.77%的人具有大学本科及以上学历。[①]

2)契合高校大学生参与的网络思想政治教育方向

(1)充分激发高校大学生主体参与性。高校大学生是新媒体的直接使用者,每天使用新媒体已经成为高校大学生学习生活中不可或缺的一部分,新媒体对他们的交往方式、学习思维方式、行为习惯,没有高校大学生的互动参与,不能激发高校大学生主体性,建设新媒体平台巨大投入就失去了意义。要激发高校大学生主体性,一方面在新媒体平台的具体定位和运作中,必须时刻关注高校大学生需求,不断强化为高校大学生服务的理念,通过彰显学生自主性、调动创造性,借助网络新媒体的快速独特的组织形式,激发青年高校大学生网络参与的自发、自觉、自省,有效促进主流价值观念的认同与内化。

(2)分类建设网络平台。要有针对性地开展网络思想政治教育。现实生活中高校大学生的需求不断多元化,高校大学生思想政治教育内容也是涉及多个

---

① 林显东,周月亭.新媒体视域下青年社会参与研究[J].中国青年社会科学,2021,40(04):99-104.

方面,尤其是网络教育内容更是各式各样。为了增强思想政治教育的精准性和有效性,客观上要求高校网络建设不同的平台,以确立不同的功能和目的,满足学生不同需求;比如一所高校的新媒体矩阵要设置分工,有所为有所不为。实践证明,越是定位清晰、功能明确的新媒体平台,受众也就越清晰。定位上,既可以有青春梦想类、成长励志类、时代创新类的平台,也可以建设社会评论类、道德文明类、思想理论类内容为主的平台。

(3)多元信息时代,网络主流声音需要凸显。对于高校大学生关注的焦点与热点事件,要能够及时发声,以及时消解谣言传播,防止心智尚不健全、尚不具备精准判断力的高校大学生,在纷繁复杂的信息流中丧失方向,所以主流媒体需要在焦点热点事情后能够判断形势,把准发声的时机,进行事实和标准的确立,这样有助于青年高校大学生进行网络价值分辨,否则如果缺乏客观深入的权威报道与评论,新媒体阵地上便会丧失舆论主导权。

(4)重点建设、打造模范人物平台。高校大学生好奇心强,可塑性也强,容易受外界的影响,如果正向主流的力量不积极争取,有可能就会游离到对面的力量。诸多优秀的影视作品中的模范人物可以提供学习资料,成为另一种"追星"形式,但是身边人、身边事的学习影响力更强,比如每个校园内都有具备"明星"潜质的一线教师、辅导员、高校大学生,拥有杰出的人才资源,高校应积极创造条件,让这一部分人群活跃起来,成为行走的榜样,增强他们的网络运用能力,把他们塑造成为弘扬主旋律传播正能量的明星博主。网络社会尤其是新媒体领域公众人物瞬间"吸粉"的能力十分强大,新时代需要思政教育工作者打开教育思路,重建教育理念,夯实阵地建设,完善主体培育,不断完善网络育人体系,构建网络育人新格局,牢牢把握新时代网络育人的发展脉搏与话语权,使思维活跃、网络能力强的教师和学生群体成为舆论发声的主体,通过"明星"引导"粉丝"让思想政治教育充满活力。

4.2　高校网络思想政治教育获得感生成的制约因素

获得感是评价思想政治教育实施的重要维度,也是促进教育者和教育对象主体性发展的重要因素,但是当前高校网络思想政治教育获得感的形成与深化,遭遇了多方面的瓶颈,主要表现为如下几个方面。

4.2.1　教育过程中主体关系异化

时代变迁以及技术变革背景下,思想政治教育面临着诸多有待变革的方面,最为明显的是思想政治教育过程中关系的冲突、异化以及调整。技术革新是思想政治教育近些年最大的环境变化，"技术的本质不是某些抽象的物，它体现的是一种关系，一方面体现着人与自然界之间的一种客观的物质、能量和信息的交换过程；另一方面也反映着技术形态中人与人及人与社会的关系。"①技术带来的变化实质上是对教育过程中主体之间关系的冲击。现代化技术融入思想政治教育的目标根本上是促进人的全面发展，但是目前看由于诸多方面原因，技术的融入使得高校大学生思想政治教育主体关系愈发复杂，呈现为关系的失调倾向。

一是高校大学生的自我异化。高校大学生作为网络原住民一代，在学习、生活、人际交往过程中越来越依赖技术，在给生活带来方便的同时，却也在不知不觉中使得自己成为符号化和数字化的节点，人的主体性逐渐丧失，人自身的感知、情绪等也都变得迟钝和麻木，青年高校大学生本身作为思想活跃、情感丰富的年龄阶段，却在长期依赖技术的过程中，其情感被遮蔽，主动性等被隐藏，这些对获得感的形成构成阻碍。

思想政治教育当下仍然受传统观念影响比较大，尤其是教育中的主体性遭受忽视。传统教育思维影响下，教育者往往陷入一个惯性误区，将学生仅仅看作教育的对象和被动的客体，以单一的思想灌输、行为的约束或者道德的要求等方式开展思想政治教育。这种方式在一个相对静态和保守的社会中有其合理之处，但是当社会演进到今天，表现为动态和自由开放、价值多元的特征时，学生的独立意识、主体意识不断提升，以强制约束和要求为特征的说教方式及理念，已成为思想政治教育主体性培育的现实羁绊。时代的迅速发展，学生的主体性诉求、主体性选择和主体性话语越来越强，这对思想政治教育工作提出了新的更大的挑战。

二是教师与学生之间的关系失调。技术促进了教师与学生的跨时空联系和互动，但是过度倚赖技术的交流也会成为关系鸿沟。网络联系无法代替现实的人与人之间的对话交往方式，现实交往中眼神、体态、动作等作为互动交流的重要组成部分，在网络中无法可见，导致互动中的情感被掩盖，只能通过文字或者一部分表情包进行意思表达，长此以往现实的人与人关系不断疏离。网络化的教学模式以及"屏"对"屏"的沟通模式，使教育者与受教育者的沟通形成屏障，教育中的情感支持逐渐减弱，依靠技术连接的教育过程缺少了血肉，就会变成干巴巴的说教，教育者对受教育者的人格、行为影响力难以有效传递。思想政治教育的性质和其目标要求不仅要求施教者有人格魅力、专业的知识、丰富的教学经验以及责任担当等要求，更重要的是要求施教者树立以学生为中心的主体性教育理念，具体要求是能够充分尊重学生的人格尊严、主体地位和个性的差异。特别

① 许良.技术哲学[M].上海:复旦大学出版社,2005:54.

是在价值多元化的社会转型期,学生的独立意识和创新意识不断增强,思想观念和自我意识更加凸显,在这种情况下只有充分尊重学生的主体性,高校大学生才能有动力、有意愿参与到教育过程中,思想政治教育的效果才能得到保证。但是不少当今的教育者,仍以教师为中心、教材为中心的教育模式开展思想政治教育,以说教等方法组织思想政治教育内容及过程,以"一刀切""统一化"等方式组织教学活动,忽视学生个性化需求,逐渐消灭了学生对思想政治教育的学习兴趣和学习动机,视思政课为"水课"①。

三是人、技术、教育关系匹配性缺乏。教育效果的高效达成是教育系统性作用的结果,其中教育场景中人与人之间的关系,及其人与技术之间需要达到有效匹配,譬如教育者与教育对象在网络场景中若能达到情感上共鸣和认识上的默契,即为良好教育效果的体现。教育场景中,技术是一把双刃剑,现代化教育过程只有审慎、节制进行使用才能充分发挥其优势。对于心智等尚不健全的高校大学生而言,多样化的数字网络教育能够一定程度上吸引注意力,但是在尚未形成充分自主性的高校大学生群体中,在多样化分布、多元式供给教育面前,如果失却教育的主导式引向,就容易导致高校大学生被数字化制约甚至绑架。

四是人与社会关系的异化。尽管网络中的关系也是现实社会关系的映射,但是确实代替不了现实社会关系。这种只存留于网络在线的关系,会让人淡漠社会现实和社会责任,以及对人生存意义的忽视。当人越来越深陷于虚拟空间中构建的关系,在沉迷于网络带来的自由时,对于年轻的高校大学生而言有可能更加认同这种"数字身份",却对现实的"社会身份"淡忘,这也许是近年来青年人不断选择"躺平"的重要原因之一。而这一旦形成循环,青年人便只能在网络社会关系交往中寻找到自身定位,在虚拟关系中感受到存在的价值和意义,却难以在现实社会中找到生存的方式。

思想政治教育主体并不是通过逻辑推理或者他人强行赋予的,它取决于自身性质。因此正确认识和理解把握思想政治教育主体,必须回归思想政治教育本身。"思想政治教育的性质决定了思想政治教育学科的性质,也决定了思想政治教育主体学术建构的应有逻辑。"②思想政治教育主体性构建要在融入渗透中整体推进。尽管思想政治教育的政治倾向很强,意识形态属性很明显,但其本质上依旧是"以人为中心"的实践活动,从人文角度讲,人的全面发展是其最终价值追求,因此思想政治教育主体必须坚持"以人为本"的基本观念、思维模式和方法论,坚持工具性与价值性辩证统一,彰显人的主体性,体现思想政治教育终极关怀,使"人实现为人"成为思想政治教育的最终目的。

---

① 张桂华,等.从接纳到内化——思想政治教育的主体性生成逻辑[J].江苏高教,2019(5):110.

② 王俊拴.略论思想政治教育主体定位的基本逻辑[J].江汉论坛,2008(4).

4.2.2   单向传导的思想政治教育方式

互动是实现网络参与的关键环节，它以信息传播为基础传递着社会价值，对社会价值的引导具有积极意义。在网络交互中强化情感，产生强大的情感动员力量，使学习者沉浸其中。但是当下的思想政治教育促进获得感形成的"反应——反馈"尚不畅通。当下青年人的特征是关注点广泛，思维转换快，吸引力持续时间短，当面临社会资源和精力的有限性与信息的庞杂性、无限性之间的矛盾时，高校大学生吸引力资源的争取就很重要。如果教育者或者网络教育未及时回应高校大学生关切的疑问，未能正面他们的问题，深入解答他们的疑惑，就会深刻影响到他们参与的积极性，对该领域的权威认同将会大幅降低，并且对接受的教育持排斥的态度。这也会形成网络空间表达意见时出现言语和行为偏激，不理性和不确定性特征凸显，导致高校大学生参与的价值方向不明确，并且对思想政治教育进一步深入产生影响。最为典型的是传统官媒话语权面临解构危机，青年新媒体参与容易表现出非理性特征①。

思想在互动中产生，及时反馈有助于疑惑的消解，防止形成思想上的沉疴顽疾，这样才能进一步增强网络参与的黏性。从高校大学生的思想产生过程看，高校大学生在网络参与过程中一般遵循：愿望表达—情绪反应—得到反馈—固化认识的阶段，之后形成一定的事物判断，直至形成一定的价值认识和价值观点。思想政治教育过程中尤其重视畅通的网络"诉求—回应"机制，创设和规范网络平台和沟通渠道。教育方借助网络提供的便利性，能够突破时空限制，建立开放式讨论空间，在不断加强沟通反馈的过程中，促使高校大学生能够不局限于日常生活所感知到的现象性和片面性的理解，不局限于由于有限经历所带来的对某一特定的人或事所持有的片面性和单一性的看法，能够经过互动交流接收反馈后，进入理性思考不断超越经验特殊性，逐渐上升到理论普遍性，弥合高校大学生对经验和理论、当下和长远、部分和整体、特殊及普遍之间常有冲突的理性判断。网络互动机制需要技术赋能，注重创造"有形胜无形"的场景，使得交流互动"到场""在场"直至"无场"境界，在一个摒弃外界纷杂又能结合世事的环境下，创设相对轻松愉快的语言情境，建立起多方参与的融合性讨论，提升施教者的回应能力、引导能力以及应变能力。以上讨论的互动—反馈机制都是建立在教育者和教育对象能够进行语言和思想交流互动的前提下，随着青年人网言网语兴起，仅靠字面意思的把握可能无法精准把握高校大学生的真实意图，为了有效实施反应和回应，施教者们需要及时了解高校大学生的网络用语所传递的真实意图，

---

① 林显东，周月亭.新媒体视域下青年社会参与研究[J].中国青年社会科学，2021，40(04)：99-104.

进而增强对高校大学生思想演变的判断能力,以及对于事态发展趋势准确把握的敏锐性。

在思想政治教育实践过程中,应该避免理论灌输的教育理念,摒弃权威至上、应试思维的负面影响,尤其是自上而下的单向度的灌输式教育方式,注重对话交流、双向互动的方式,充分发挥高校大学生的主体性和创造性,特别重视培养高校大学生的自主学习、自我反思和自由选择,并且在其中培养形成正确的价值观念。互动的话题要从高校大学生的实践中来,通过认真分析高校大学生的社会现实和环境,不断创新教育理念和方法,针对高校大学生关注的就业创业、生活选择、人生发展等问题,给予充分研究、关注和引导,拉近与高校大学生的心理距离,增强高校大学生对思想政治教育的亲近感和信任感。同时不断运用多媒体技术、虚拟现实技术等手段,生动化教学情境,丰富学生的情感体验,启发帮助学生与思想政治理论、原则等产生思想共鸣[1]。

4.2.3　固化的思想政治教育场域

教育场域是思想政治教育的重要元素,而且随着时代的发展,场域的建构在提升思想政治教育的有效性和针对性方面的作用愈加突出,在这种时代趋势下,单一的传统教育场域已经无法满足当代学生的身心发展要求和精神需求。传统教育场域思想政治理论和日常的思想政治教育活动都是在现实空间中进行的,瞬时性无法复制和重建,具有明显的时效性,从受众的角度来看,现实场域中思想政治教育受到时间和空间的制约,受众有限。传统教育更加强调"上所施下所效",压抑了学生的主动性和积极性,制约了学生获得感的生成。现代教育更加注重平等、自由、民主的新型师生间际关系,这种新兴的教育理念对于场域提出更高的要求,不断拓展教育场域,形成多元的时空教育成为必然趋势。

当下网络环境是高校大学生重要的学习、生活和社会活动场所,网络成为重要的教育场域,但是我们的做法往往是简单地将线下的做法挪移到线上,网络场域的独特教育功能并未被充分重视。原有的教育场域交互单一,形式固化,难以激起高校大学生追求新奇、直观生动的倾向,也就难以形成情感共鸣和行为指引,思想政治教育往往给学生形成古板、单调的印象,一定程度形成比较排斥的直接后果。

网络的空间无限,时间无界,有着丰富的教育内容和形式,同时拥有形成直观生动教育场景的便利条件,能够直接弥补传统教育场域的局限性,除所提供的多种类型的视频之外,需要积极借鉴技术成果,不断提升场景设计和运用能力,

---

① 张桂华,顾栋栋.从接纳到内化——思想政治教育的主体性生成逻辑[J].江苏高教,2019(05):110 - 114.

能够结合教育内容以及学生特征和需求，开创出一批具身场景。

4.2.4 缺乏情感关照的思想政治教育评价

思想政治教育立德树人和价值引领的根本目标对教育对象主体身心沉浸以及情感效应提出要求，它要求教育对象对社会所要求的价值观念、政治观点和道德规范转化为自己的思想政治意识，进而转化为外在行为以及行为习惯。从人的发展视角看，思想政治教育的价值归旨之一在于对鲜活的"人"的生命价值的指引与超越，指向"人"内在生命的本质，以促进实现生命的升华。目前在思想政治教育领域，有一种普遍的错误倾向，就是把学校教育狭隘化为知识教育，知识教育再狭隘化以分数为标准，导致学校呈现重智能、轻情感的不良后果，学校教育资源集中于知识或者技术等领域，忽视了作为完整的人的情感性以及内在复杂的机理。这种教育模式只追求确定性、一般性和抽象性的知识，实证主义和功利主义的价值取向明显，即教育的中心仅仅围绕追求实证化和功利化的死知识，而不是活生生的完整的人。教育的外在化和对人心灵的漠视，使个体偏离生活逻辑与自然逻辑的轨道，单纯盲目而机械地去获取知识，缺乏情感方面的教育，不利于个人健全人格的塑造。生命是教育的基础，教育只有指向生命，才能找到教育的价值。思想政治教育的目的不仅仅限于培养受教育者成为具备科学的世界观、人生观、价值观和高尚的道德修养以及正确的政治观念的"时代新人"，还应该培养受教育者成为拥有完善强大的心灵、健全独立的人格、自由洒脱的精神、丰富真挚的情怀、巨大的生命潜能以及极具生命活力的人。

随着理性至上、情感下位的传统教育教学方式的笼罩，理性的知识和认识堆积取代了青少年的情感体验教育，使他们只会一味机械式的记忆和背诵、灌输，使教育中的情感因素逐渐被湮没，冷淡的说教和指令抑制了人们之间内心情感的交流。情与理的对立，人的内心与生存的剥离，缺乏内心归属感的体验，会不断引发社会心理问题，在人们内心世界形成价值体系的崩溃和意义的陷落，总之注重对知识的灌输，对行为的传授越来越成为教育制约青少年情感世界发展的一道道无形的屏障。

从思想政治教育评价看，也体现了思想政治教育的情感关照受忽视，评价本是思想政治教育发展的指挥棒，但是目前的思想政治教育评价往往比较单一，习惯注重用量化的方式衡量知识的获得，但是并未能全面衡量出思想政治教育的根本目标和要求，直接导致了思想政治教育方式和内容未能紧密贴近时代要求，也制约了思想政治教育创新。

思想政治教育评价的最终目的在于能够促进个人的自由全面发展，能够满足人的精神层面需求。思想政治教育评价要重视价值目标，思想政治教育的评价首先是价值建构，它是不断推陈出新的过程，并富有人文关怀，也就要求必须蕴含对情感的关照。从当下网络社会来看，在人工智能的语境中，价值判断是指基于现实世界的数据信息做出价值判断，并提出一种新的方法来弥补目前价值评价的不足之处。马克思主义的社会存在决定社会意识观点，决定了受到人工智能影响的价值结构，也受到社会存在以及思想政治教育形态的变化的限制，也就是说，现实社会中人们忙忙碌碌间情感资源的稀缺性，在网络中体现得更加明显，目前的评价主要遭遇以下困境。

一是实践困境。我们在实践中习惯用量化的单一技术进行评价，缺乏动态和内在的评价，这影响了评价的效果，也影响评价的实效性。人的思想具有内在性和瞬时变化性，比较复杂，很难通过外化的指标测评出来。高校思想政治教育评估是一项价值判断工作，是测评内在的价值观和思想动态的过程，这也成为思想政治教育评价实践困境的根本原因。信息化时代思想政治教育评价面临更大挑战，网络上的思想跟踪和评价面临新的机制和环境，人的思想表现具有隐匿性和潜在性，但是其网络表达和网络行为的踪迹是可循的，这就决定了如果采用传统单一的成绩核算评价，会出现速率较低、数据分类管理方法不完善、数据类型不够丰富、信度较低等问题，使得思想政治教育评估工作缺乏信服度，而且传统的思想政治教育评价技术手段很难快速、全面地收集海量的数据信息和资料，进行整理和分析。特别是在当前背景下社会日趋多样化，人的思想日益多元化，评价对象的思维更加敏捷，更加具有创造性和动态性，使得不同阶段进行思想政治教育评价也会造成评价结果的差异。这些说明单一的技术方法很难作出课业的评价，因而不能适应具有差异和动态的评价需求。思想政治教育数字化技术，改变了传统思想政治教育评价由于缺乏完整的信息导致的教育评估精准性和实效性下降的难题。

二是思维困境。结果导向挤压价值指向性，工具理性与结果导向结合，容易忽视思想政治教育培养过程的"人"学导向，就会导致思想政治教育评价中人的主体性价值、社会价值和思想政治教育的最终目标等诸多价值的遮蔽，形成思想政治教育评价效果不好，与思想政治工作不相适应等问题。思想政治教育程序和价值观的遵循，本身很难用单一定量的方法来定量，在实践中常常忽略思想政治教育过程中"人"的主体性、思想政治教育立德树人目标等十分重要的价值，出现舍本逐末的问题，为了评价而评价，遗失了思想政治教育核心目标和根本性任务。以"人文情怀"为核心的大数据应用评价，能够适应评价对象的复杂性，也对应了思想政治教育立德树人的根本任务要求，在坚持历史唯物主义的立场和观点的前提下，坚持思想政治教育人本价值的评价，这是评价的基本原则，也是根本方向。

4.2.5　高校网络思想政治教育者的认知误区

教师思想政治教育获得感是指教师对从事思想政治教育行为的所得状况进行评价时而产生的一种积极的心理体验。教师的这种获得感具有鲜明的职业领域性和突出的价值导向性。

教师作为教育过程中的重要主体，其获得感不仅直接关联到教育对象的获得感，直接影响到教育质量和成效，而且对于其自身职业成就感、归属感和幸福感至关重要，教师获得感内容不可或缺。

（1）高校网络思想政治教育者观念误区。结合实际，就主体视角而言，高校网络思想政治教育主要存在两方面的观念误区：一是认为网络中不需要教师的引导，高校大学生通过网络接受知识，完成自我学习和自我完善；二是认为教师的情感需求满足不重要。教师很多时候被视为理性群体，教育过程中更多被强调"情感输出"，而情感"输入"则被忽视，职业发展过程中获得感关注甚少，更多时候仅是依靠教师自身调节，教师职业的可持续发展需要情感关注和支持。作为个体的"人"，尤其是作为思想政治教育学科的教育者，承担着思想塑造、人格引领、价值形成的重要使命，与其他学科相比对教师的道德水平、人格魅力要求更高，但是教师的情感需求长期以来并没有受到更多的重视，甚至有时会遭受"道德绑架"，在职业生涯中受到的心理冲击、自身与外界的协调更难，也就需要教育部门以及社会对思想政治教育者们予以更多的关注。

（2）高校网络思想政治教育者能力脱节。时代发展和学生状况变化对高校思政教育者提出更高的能力要求。尤其在网络技术运用以及情感感受方面，作为人文社科工作者要能够跟上时代的步伐，掌握现代教育技术，熟练运用情感教育，与时代发展同向而行。面向 5G、元宇宙时代，思想政治教育的 VR、AR、游戏化课程或者教育短片、视频等也就显得尤为重要。教师能够在教学中合理使用智能手机、选用学习类或者开发 App，他们的数据素养、网络素养、媒介素养等提升非常关键，是实现网络思想政治教育实效性的保障。另一方面，教师在传统的教育评价机制下，教育有时仅被视作为实现物质保障的手段，长期在这种环境下导致教育过程中自身的情感感受淡化，对待教育对象也缺乏情感感化。技术要求和情感教育在某些研究框架下有时被视作为相互矛盾的方面，但是在网络思想政治教育过程中需要进行有机的契合。这也反映出我国高校教师培养体制的不足，要看到提升学生思想政治教育获得感，思政教师自身需要具备理论基础、教育技术以及职业情怀，只有具备这些过硬的专业素质，教师自身对思政课的获得感才会更强。

（3）高校网络思想政治教育评价导向误区。教师评价考核趋于刚性。思想政治教育其政治性强,但是同时由于涉及价值观塑造决定了其针对教师的考核有柔性的特征。当下考核指标更多集中于量化和客观指标,对于教师主观感受、情绪价值等方面尚未深入涉及。思想政治教育过程中教师的投入程度、互动频次、反馈速度等与教师的主观体验密切相关,只有关注教师获得感这一指标才能更精准反映教师的诉求和现实状况,才能判断思想政治教育的未来可能走向。针对获得感的目标和要求,细分这一指标,能够全面衡量教师的情绪、热忱度以及与学生的交互、满意度等,分解和细化这些原则性目标是培育思政教师获得感未来要考虑的重点。

第 5 章
高校网络思想政治教育主体获得感生成的理论逻辑

5.1　高校网络思想政治教育主体性

实现思想政治教育"立德树人"的根本任务,需要立足高校大学生的实际需求,"网络参与"和"获得感"都以对"人"的解读为前提。尤其是网络大数据诞生之后,人的生存方式逐渐数字化,思想政治教育需要根据形势变化,不断调整并积极顺应变化,分析和研判由网络带来的种种变化,深入探索大数据时代思想政治教育的根本性问题和根本性方向,更加把准和明确思想政治教育要解决人的什么问题,具有怎样的育人效应期待等。即使在网络社会中,也要凸显教育理念的生命观,尊重生命的价值和特性,着力于研究思想政治教育过程中成就人之力量所在,以培养适应未来中国社会发展的人才。理顺这些问题是提出获得感提升策略的基础,也是思想政治教育在新时代背景下无法逃避的根本问题。

与传统社会以及教育理念相比较,社会环境发生巨大变化,对人的要求也有很大变动,教育内容和教育形式也在不断更新。教育的一大准则是结合教育环境和教育对象进行调整。当下网络产生不断倒逼的认知方式和生活方式,作为思想政治教育个体的社会存在方式需要优化。思想政治教育的传统做法多将学生视为被动的客体,忽视他们的主动性和创造性,这种理念决定了工作中多以灌输、外化渗透以及他律的方式开展思想政治教育,忽视了学生是教育中的重要主体,教育的作用过程就是主体性发挥的过程。习近平指出:"要坚持主导性和主体性相统一,思政课教学离不开教师的主导,同时要加大对学生的认知规律和接受特点的研究,发挥学生主体性作用。"[1]

高校思想政治教育获得感的多向度体系中,学生获得感和教师获得感是两个重要考量向度,两者彼此依存,相辅相成,两个主体之间因紧密互动会形成协同增效。两者各有侧重,显著影响着高校思想政治教育获得感的外在呈现和内

---

① 习近平主持召开学校思想政治理论课教师座谈会强调:用新时代中国特色社会主义思想铸魂育人贯彻党的教育方针落实立德树人根本任务[N].人民日报,2019-03-19(1).

在生成。

思想政治教育中主体化要求以学生全面发展为目的，它强调尊重学生的个性差异、兴趣爱好，侧重于价值理想、心理需要、利益诉求等内容，并且通过科学合理的教育内容、方法、载体，作用于高校大学生的内在心理，促进他们的思想接纳、情感认同和价值内化，在此过程中不断促进学生的主体意识的觉醒和主体人格的养成。教师获得感是学生获得感的支持和保障，同时也是完善自身，增进教师职业成就感和认同感的重要来源。教师获得感一方面来源于学生成长与变化，在助力学生塑造正确世界观、人生观和价值观时，与学生教学相长的过程中所收获的成就感、喜悦感和幸福感，此外也感受到自身在沟通交流、人格塑造、价值引领过程中的发展性获得，也能助力自身在社会关系中的经验增长。与此同时，在思想政治教育过程中，由于国家赋予思想政治教育工作者独特要求，以及对青年人教育所承载的特殊使命，他们在感受到责任的同时，也由于在社会中的重要身份以及在自身能力、人格和情感等方面带来被认可的受益感、认同感。

5.1.1　主体性形成与强化

主体性的形成和强化，与健全人格的养成有关，同时也是一个精神形成和情感培育的过程。高校大学生价值观培育过程中，面临着诸多影响和不确定的因素，尤其在现代社会复杂、多变以及差异等现实情况下，考虑如何达成共识和规则是非常关键的，而这其中高校大学生的主体认知以及主体行为的培育很重要。一直处于被动的客体，不会有主动和积极的心态参与网络，也不会以主体性的心态去接纳、认同和内化思想政治教育，形成思想单向灌输的"容器"，被动接受的思维成为习惯。这种惯性若要得到扭转，必须对思想政治教育的主体性予以加强，让学生明确教育和她的自身利益和需求紧密相关，和自身的幸福生活紧密相关，这其实也说明了教育效果很大程度上取决于学生的主体意识、主体能力能够发挥的程度，以及在思想上接纳思想政治内容、在情感上认同思想政治观念的深度。具体而言我们可以在教育过程中增强高校大学生对其所处的处境和现实感同身受，不仅指注重个体身上不同的情感状态，还指人与人之间在情感上的互相影响，以及在这个过程中做出的回应和调适。休谟认为，我们借助于共鸣和互感去想象别人的处境，同时也把别人的情感观念转化为自己的情感观念，借助于特定社会情境中的反馈使得人们对某些行为感到不快、难过，进而使个体的同情感获得并具有社会群体意义。在这种情感体验过程中，高校大学生将知识、情感、价值等进行内在的关联，将外在的信息进行自我消化、选择、判断并内化，真正感知到自己在教育过程中的存在，主体性的意识会被极大激发。

5.1.2　主体性的培养和释放

在主体性强化的基础上，通过自身的认知、情感、意志等的不断完善，学生对于自身生命意义的认识也将会有极大程度的提升。主体性的培养和释放，更好地促进了自身价值的实现，传递了情感，拓展和延伸了个体的品德修养和伦理气质，促进了自身的完善和发展[①]。如此，高校大学生们对于生活的感受变得更加敏锐，对于现实的体验更加真切，对于自我的要求更加真实，也能够随时感知到无处不在的"美"。思想政治教育要能够"发现美，拥有美，体验幸福和自由"[②]，进而使高校大学生能够从中获得生命存在的价值和意义。

思想政治教育育人的长远目标，在于回到人的存在状况和生命升华过程，不断探寻自我和找到自我的过程，进而促进人的生物性、社会性和精神性的统一。按照马克思主义的人学思想，思想政治教育主体性发挥的过程，就是人向自由全面发展迈进的过程，也是经历思想接纳、情感认同、价值内化的逻辑建构过程，才能达成思想政治教育活动的既定目标，真正实现全面发展。

5.1.3　主体性的彰显和表达

立德树人目标的实现关键在人。习近平在学校思想政治理论课教师座谈会上指出，必须要"坚持主导性和主体性相统一，思政课教学离不开教师的主导，同时要加大对学生的认知规律和接受特点的研究，发挥学生主体性作用"[③]。思想政治教育活动中，教师和学生作为共同的主体，尤其是教育者增强自身主体的同时，还要唤醒学生主体意识，促使其发挥主观能动性，主动融入思想政治教育环节，吸收思想政治教育营养，增强对教育目标和教育内容自觉认同，并且对自身行为规范进行主动调节。与此同时在教育者和教育对象主体性展现的过程中，两者之间能有效互动和理解，并且形成正向循环，教师自身的主体性也在其中得以强化和彰显，有助于激发他们对于教育本身的投入，以及对教育对象的主动化育，增强教育使命感。教育对象的主体性被唤醒和萌发，有助于他们实施长效的自我教育、自我管理和自我完善。受到传统教育观念的束缚和影响，当前的网络思想政治教育尽管借助于网络条件人的自主性增强，但是依旧停留于大水漫灌式教育模式，采取集中教育、面上施教，而非滴灌式的个性化培养，导致教育对象个体的差异性和内在需要被忽视。主体性的彰显和表达，对于教育者而言要增

---

① 付安玲.大数据时代思想政治教育"获得感"的人学意蕴[J].思想教育研究,2018(2):39-40.

② 叶知秋.精神主义[M].兰州:敦煌文艺出版社,1999.

③ 张烁.用新时代中国特色社会主义思想铸魂育人贯彻党的教育方针落实立德树人根本任务[N].人民日报,2019-03-19(1).

强职业伦理和素养,力求精准掌握教育对象的思想状况和活动规律,不仅以知识传授于人,更要以丰富情感感染人,人格魅力影响人,拓宽视野,提升工作境界,延伸工作范围,优化教育方式,鼓励学生积极参与和勇于探索。教育对象的主体性表现,主要表现为教育中积极融入,主动参与,与教育者同频共振,并在同一场景中达到情感共鸣,高校大学生感受到自身愿望的满足和个体的成长,主观能动性极大增强。

5.2　高校网络思想政治教育情感融入

著名哲学家李泽厚提出"情本体",他认为随着社会生产力的发展和现代化生活水平的提高,精神世界支配、引导人类前景的时刻将明显来临[①]。时代发展是围绕着"人"而展开,并且服务于人,其最终目的是人要生活得幸福,而这其中人的获得感是重要的衡量标准,情感体验是实现获得感的重要环节和媒介。

我国情感教育研究的开拓与实践者朱小蔓所言,"生命是一个结构性存在,人的生命是多测度、多面向的综合体",教育应"多角度、包容地引导和支持一个生命体,使其在动态中有机协调地得到整全的关照、呵护和引导"[②]。思想政治教育作为研究"人"的学科,绕不开人的情感观照和精神需求。网络作为精神存在的重要载体,也是情感和精神世界的延伸,网络思想政治教育通过学生的积极参与,体现个体的情感轨迹,为个体的存在提供支持,在此过程中通过培养发散思维、抽象思维、批判思维等,提升高校大学生对世界的感知能力,积极寻求情感支持下的生命意义感,满足个体精神层面的价值和创造性需要,实现对有限生命的超越理解和体验。

5.2.1　情感教育的哲学反思

情感教育凸显情感之于人的意义,是以一种教育哲学和思想的方式启迪我们思考价值观及其育人的基本问题。无论是在现实生活,还是在网络世界中,只要是对人所实施的教育,就离不开对人的精神和情感的关注。情感教育的研究表明,人是认知和情感交融的生命体,认知和情感在彼此交融中互为生长和发展,无论是在个体层面还是社会层面,生命的健全离不开认知,当然更离不开情绪情感,它本身在认知形成方面也发挥着不可替代的作用。遗憾的是伴随现代技术的飞速发展,人们表现出对于技术和理性的过度追逐和迷恋,忽视了情感的力量。休谟的"人的理性永远是情感的奴隶"论断至少能够引发我们对两者之间

---

① 李泽厚.华夏美学[M].天津:天津社会科学院出版社,2001.

② 朱小蔓,王平.德育漫谈:理论与实践的新拓展与新生长(上)[J].中国德育,2015(10):21-29.

的深层哲思。

　　理性促进了社会的快速发展，但是不可否认的是人的认识发源于情感，当代社会凸显了一个趋向：人们在理性主义以及现代科技的迅速发展中逐渐忘记了情感，这带来的负面后果之一就是人们被工具理性所控制，本是为人造福的科技理性和工具理性，却加重了对人的束缚。所幸人的感性一直蕴藏于人的内心深处，也一直对感性和理性之间的博弈进行深刻的观察和反思。西方的一些学者譬如席勒针对工具理性所导致的感性和理性的对立状况，提出通过美育实现感性和理性的完美统一。萨特、加缪等都提出了对理性主义的质疑。感性和理性"恰好成为现代化进程和建立、巩固资本社会的必需品。它们相辅相成，既互相依赖、相互斗争又相互补充，以共同构成资本社会或现代化进程的思想基础和前进动力，有似中国的阴阳两面"。① 中国古代老子提出"天人合一"，倡导人的自然性，儒家伦理道德根基建立于血缘情感，他们都重视感性心理和自然生命这一精神，通过情感的介入，实现感性与理性、个人与社会之间矛盾的消解。建立在这些理论基础上，目前实践也在不断推进和发展，情景教学模式、情知教学模式以及近些年来兴起的诸多与情感教育相关的赏识教育、感恩教育和挫折教育等都是情感教育的具体形式。

　　根据心理学相关研究表明，只有当主体对教育目的、过程、内容和方式等具有强烈的"心理顺应感"时，才会以适应和主动积极的态度去面对，如此才能够形成对价值的引导和塑造。网络世界给人们提供了一个特殊的环境，人的存在既是隐匿的，但是其内在情感和精神轨迹又是可循的，在网络世界中人的隐匿性和人的情感诉求呈现悖论，人们在网络上体现为一个个代码是个虚拟的存在，吸引人们参与网络一个重要原因是人们在网络上可以遮掩自己的真实身份和真实情感，但是另一方面，网络的这种虚拟性遮掩不了人们天性中存在的对于真实情感的渴求，体现为越是发达的科技发展，越是体现情感资源的稀缺，人们越是珍惜情感的真实流露。

5.2.2　情感激发的心理阐释

　　情感源于人的心理，与心理密切相连。在心理学上，"情感"一般被定义为"情绪过程中的主观感受和主观体验"②，"它以多种形式集中表达了个人感情世界的体验和感知"③。情感教育是实现个体发展的关键环节，也是促进教育有效性提升与和谐社会建设的必由之路。当代人们的情感需求多表现为内敛隐含，

---

①　李泽厚.历史本体论己卯五说[M].北京：生活·读书·新知三联书店，2003.

②　郭亨杰，宋月丽.心理学教程[M].南京：南京师范大学出版社，2556/261.

③　诺尔曼·丹森.情感论[M].魏中军，孙安迹，译.沈阳：辽宁人民出版社，1989.

思想政治教育过程需要激发情感外显，并且不断强化沉淀，最终成为人内在精神的一部分，进而促进人的丰满和人格的健全，并以此产生共鸣和认同。从人的心理学角度看，当人在积极愉悦环境或者场景中时，人的情感比较容易沉浸其中，同时也处于积极互动需求中，使得外化的教育与内化的情感有机关联。教育过程中通过对教育对象的态度、情绪、情感以及信念等内在要素的密切关注，并随时评估教育影响效果，在教育者和教育对象的积极互动中实现社会情感品质培养，同时也注重自我情感调控能力增强，不断形成积极的情感体验，以及健全的个性与人格特征。

马克思主义著作论述中认为共产主义社会当中人与社会和谐以及人的全面发展是其主要特点，"激情、热情是人们强烈追求自己对象的本质力量"[①]，缺少或失去热情就是冷漠和物质化的开端。热情是人内心情感的正向表现，也是接受和认同某件事物或者某种观点的外在表现。随着网络技术的飞速发展，以网络为核心的融媒体在为学生提供方便的同时，也存在着许多问题，网络时代人与人之间的交流局限在一个相对狭窄甚至互不相见的区域，人的情感更加隐匿，人与人之间的感受更加难以触摸和感受，但是情感教育并不能避开网络环境，它是培养学生自我意识的关键，如果情感教育不到位，就是缺乏创造力的教育，从长远看必然影响到学生的发展。网络互动和交流具有隐匿性、身份不确定性特点，也具有关系形成以及终止的随意性，这一定程度弥补现实交流受到的诸多源自时空以及人本身的限制，可能给现实中经常感到孤独感的人们提供暂时的安全感和归属感，但是由于趣缘群的信息狭窄和封闭，使思想政治教育与被访者的信息鸿沟、话语鸿沟进一步加深，师生之间无法得到有效充分的交流与互动，陌生感、距离感会直接影响思想政治教育的情感化育。

在思想政治教育促进价值观形成过程中，情感的地位和作用不容忽视，尽管在网络环境下人的主观感受难以直接把握，但是越是在网络环境下情感需求愈加明显，并且网络具有以观察和追踪人的情感过程的优势，尽管网络无法面对面观察到情绪，但是利用大数据技术，通过文本、表情包、信息连续追踪等手段，可以把握到潜藏在个体内心的情绪情感等内容，以及其产生、变动的过程，实现现实世界所无法观察到的内容，通过情感的及时感知，也能把握当代高校大学生情绪活动的规律。这些对于及时了解高校大学生思想状况，调整思想政治教育内容和方式有着积极的意义。

---

① 　马克思,恩格斯.马克思恩格斯全集(第 42 卷)［M］.北京：人民出版社,1979.

5.3 场景、情感体验与主体获得感的内在关联

现代化技术背景下，思想政治教育的要素构成也在悄然发生变化，决定其实效性提升各要素之间的相互作用方式以及机制需要重新审视，本书所论述的几个关键概念：场景、情感体验以及教育者和教育对象获得感之间存在密切的关系。

5.3.1 场景为教育者和教育对象获得感提供前提和保障

如前所述场景是思想政治教育过程的重要部分，在一个个场景中，无论是教育者，还是教育对象的获得感都是必要内容。对于教育者而言，场景是实施教育的媒介，同时也是自我获得感提升的催化剂。相对于传统的教育场景，现代思想政治教育生态下教育者、教育对象、教育资源等诸要素之间会产生多样的演变，多样态的教学环境，为师生、生生的互动交流提供了有效的支持。文本、图像、声音、动画、视频等形式，以及及时互动的技术支持，教育者在这种多方式的支持、多维度观察、多渠道的交流环境下，对教育对象有了深入的了解，对其与社会之间互动关系有了更加全面的体察，对自身的教育能力有了信心和更为明确的目标，与此同时对自身的教育使命认识更加深刻。这些认识更加接近思想政治教育目标，也与教育者的职业发展和职业使命相吻合，使得教育者在此过程中的驾驭感和掌控感更加强烈，相伴而来的获得感也就愈加明显。对于教育对象而言，其获得感主要来源于个性化、差异性需求得到满足。网络技术尤其是 5G、未来元宇宙技术赋能不断丰富教育场景的维度，教育对象与教育者以及教育场景、教育资源直接相连，并且能够实时互动，教育对象感知到自身的存在与教育本身紧密相连，而不是"两张皮"，自身的需求能够及时表达以及被感知，同时 5G 等技术的应用，使得教育对象在学习过程中充分感受到自身的自主性，不是被动卷入，而是通过与 VR 等技术融合的多场景情境创设，为学生提供身临其境、近乎"真实"认知的情境，身体与环境互动更加直接有效，教育活动和内容能根据学生的不同需求进行动态多元组合，形成探究与互动的学习氛围，同时在海量内容供给中，学生们可以根据自己的学习需求以及个人喜好，自主选择适合自己的学习资源与学习方式，并能经过大数据计算为其"智能化"地推荐和定制。学生们主动参与到教育环境中，其主体意识被唤醒，学习兴趣与好奇心更加强烈，发现问题、解决问题的能力得到提升，自身发展目标和思想政治教育目标不断趋同，个人的、团队协作、创新意识等能力得以提升，在教育过程中获得感不断增强。

除此以外，教育者与教育对象的获得感并非彼此独立，而是在学习情境中形

成了学习的联合体,在这个联合体中,两者彼此促进,教育过程中教育者与教育对象有着互通的目的、认知基础与情感,网络教育场景特性,为教育者与教育对象搭建了一个更加畅通的沟通、交流与协作的大场域,有助于两者获得感共同提升。他们在场景的双向互动中实现着彼此,同时也实现着自身的发展。

　　沉浸式体验是指在虚拟环境中,通过技术加持,打造身临其境的体验空间,参与者在其中产生的感受和体验,如视、听、触、嗅、味以及本体知觉,能够不自觉地吸引个人的投入和注意力集中,这种沉浸感能够让参与者产生愉悦和成就感以及获得感,此中能够为学生提供交互、探索、共享、具身和个性化的需求和空间,促进和增强主体在全景场域下的认知迁移和情感认同,沉浸式技术可以让"自己成为他人"或者"让他人成为自己",参与者能够体会到不同背景、不同经历和不同年代下他人角度的体验,促进共情能力,激发同理心,增强对他时代或者他人的理解力,实现新时代思想政治教育的价值旨归。当下数据充斥生存空间,已经逐渐过渡到体验为王时代,沉浸体验模式下思想政治教育的具身性、多模态性和全域感知性,有利于促进学习参与者的连接、交互以及"境身合一"的学习体验,让学生沉浸在具有叙事、拟真的环境中,与他人、社会和世界相连,进一步让这些外在和自身相连、与现实相连,参与者的认知能力、移情力以及创造性思维等不断增强,拓展了思想政治教育的叙事功能,完善思想政治教育的时代使命。通过技术促进思想政治教育的沉浸体验,有助于实现教育的创新性变革,打造度身定制的教育体验剧本,进而促进学生心流体验,提升学习过程的沉浸感、专注度、成就感以及获得感。

5.3.2　获得感源自教育者和教育对象的情感体验

　　获得感本身即为主观感受和体验,和情感体验密切相关。作为价值塑造目标的教育,思想政治教育情感体验的作用不可缺失,对于促进教育者的教育情怀和使命有着不可替代的作用,对于教育对象而言则是形成正确价值观的基础,也是促进教育者和教育对象情感共通和共鸣的保障,避免教育过程中"孤掌难鸣"。教育者首先要"情感在场",习近平指出:"教师在课堂上展现的情怀最能打动人,甚至会影响学生一生。"[①]对教育对象注重情感关怀,关注他们的心理状况和成长发展需求,习近平在学校思想政治理论课教师座谈会上强调,办好思政课关键在教师,思政课教师"情怀要深,保持家国情怀,心里装着国家和民族,在党和人民的伟大实践中关注时代、关注社会,汲取养分、丰富思想"。教育者首先要建立起对国家和民族的信仰和信心,要有家国情怀、仁爱情怀,有崇高的国家和民族理

---

① 习近平.思政课是落实立德树人根本任务的关键课程[J].求是,2020(17):4-16.

想，与时代同发展，关注时代和社会，这样才能有充沛的情感和先进的理念去理解并诠释新思想、新战略，促进教育者自身发展和教育使命之间建立起有机关联，才能收获成就感、获得感，才能在真正意义上影响和教育高校大学生。教育对象的情感体验一方面源自教育者的引导和设计，另一方面也依赖于教育过程中自身的感悟和体会。教育者与教育对象真诚地交流形成情感互动的"情感场"，了解高校大学生的情感体验机制，把握高校大学生的情感触点，探究情感共鸣点，在共同的情感磁场中实现教育效果的提升和教育目标的达成。教育对象的情感体验需要时间的积淀，更需要自身的学习感悟和人文关怀，这是教育首要意义所在。教育对象要让自身"到场"并"在场"，充分沉浸在教育场景之中感受情感的传递与表达。教育过程中良好的氛围、宽松的对话空间、纯净的精神文化环境、平等的心理感受，能够让教育对象感受到快乐的同时，更容易收获教育的力量和意义，从而形成内心的获得感。

5.3.3 网络空间打造沉浸式体验场景

主体获得感、体验场景和情感体验几者相互促进，互为互生，存在不可分割的内部关联。学者刘生全在总结布迪厄场域理论的基础上，结合教育领域认为"教育场域又并非纯客观范畴，就其作为从关系角度认识和分析教育活动的一种工具看教育场域是对教育活动和教育现象的一种新理解，成为分析教育活动与教育现象的一种新视角，因此教育场域是客观内容和主观形式的统一"[1]。同时也是"在教育者、受教育者及其他教育参与者相互之间所形成的一种以知识的生产、传承、传播和消费为依托，以人的发展、形成和提升为旨归的客观关系网络"[2]。可见场域并非仅仅作为教育环境的存在，也是教育中各种关系的统合和作用，同时由于有着共同的情感体验，教育者和教育对象的主体获得感更加突出。教育者和教育对象同处于一定的教育场景中，共同感受心理归属、文化、家国意识等，共同承担教育场景的构建，并且在教育场景互动中一起感受教育的意义和人生的价值，其主体性获得感更为强烈。

5.3.4 以情感体验和场景创设增强主体获得感

在主体不断强化和情感激发的基础上，获得感的产生需要独特的体验予以固化和体现。思想政治教育面临全新场景，现代化进程的主体性向度，呼唤个体深度参与的社会价值建构和认同。然而传统的教育范式未能充分促进个体目标和教育目标的耦合，难以有效激发对时代价值的理性自觉和情感认同，增强高校

---

① 刘生全.论教育场域[J].北京大学教育评论,2006(1):84.
② 刘生全.论教育场域[J].北京大学教育评论,2006(1):87.

大学生"体验"是增强获得感提出的重要命题。这里的"体验"不单纯指的是日常的实践,常规的实习,与信息体验、感官体验、一般生活体验不同,更加强调的是通过身心深度参与,经过情感作用的中介效应,充分发挥情感的激化、选择、评价功能,使得"关系""氛围""情境"等要素作用最大化发挥,进而达到主流价值的深切认同,"体验"能够促进实现认知、参与、交互、获得和认同的全面融合,将各教育要素综合效应予以充分调动,具有其他教育范式不可替代的独特价值。它通过人和场景的深度交互,物境、情境、意境三重境界的有序递进和有机融合,构筑"体验"过程的在场感、交互感、共情感和沉浸感;情感和技术的深层联结。场景洞察教育对象的内心感受,并采取合适的表达方式和交互方式,完成人与场景之间的价值观传递;理顺体验场景构建中的"人""场""景""情""意"内在逻辑。传统主流价值认同促进方式往往以理想目标代替实践进路,"体验"场景教育通过个体亲身参与,教育过程、教育目的、教育要素高效作用于同一场景,认知、情感、意志融合于同一时空,主体心理经历激烈冲突直至形成超越性情感和自觉性反思,通过"参与—代入—投射—共鸣—反馈"机制,建立起对主流价值的理性认同。

第 6 章
高校网络思想政治教育主体获得感增强的实践逻辑

6.1 高校网络思想政治教育观念变革

时代发展对思想政治教育学科产生了重大影响,观念变革是高校思想政治教育创新的前提和基础,同时也决定思想政治教育发展的方向。

6.1.1 为何变革

1) 新时代网络高校思想政治教育的要求

当前世界发展的一个明显特征和趋势就是始终围绕"人"的需要和发展,在明确"培养什么人""怎样培养人""为谁培养人"的前提下,思想政治教育在发展的过程中教育理念呈现从政治导向到以人为本导向的转变趋势①。

党和国家一直高度关注思想政治教育在国家建设和发展中的重要地位。2017 年 2 月,国务院印发《关于加强和改进新形势下高校思想政治工作的意见》指出,加强和改进高校思想政治工作,事关办什么样的大学、怎样办大学的根本问题,事关党对高校的领导,事关中国特色社会主义事业后继有人,是一项重大的政治任务和战略工程。随后,教育部印发《高校思想政治工作质量提升工程实施纲要》明确思想政治教育的"十大育人"体系。党的十九大报告强调,建设教育强国是中华民族伟大复兴的基础工程,必须把教育事业放在优先位置,加快教育现代化,办好人民满意的教育。十九大报告指出,中国特色社会主义进入新时代,意味着科学社会主义在 21 世纪的中国焕发出强大生机活力,在世界上高高举起了中国特色社会主义伟大旗帜;意味着中国特色社会主义道路、理论、制度、文化不断发展,这是高校思想政治工作的宝贵资源,是培养有坚定的信念、有正确价值观的当代高校大学生的宝贵资源。党的二十大报告继续提出,育人的根本在于立德,全面贯彻党的教育方针,落实立德树人根本任务,培养德智体美劳

---

① 修国英."以人为本"与高校大学生思想政治教育[J].黑龙江高教研究,2015(5):132-135.

全面发展的社会主义建设者和接班人。以上重要会议对于高校大学生思想政治教育的作用和意义提出期待和要求,同时也为思想政治教育发展方向指明路径。思想政治教育需要契合时代背景,坚持用马克思主义的世界观和方法论,把新时代习近平特色社会主义思想作为高校思想政治教育革新的着力点和出发点,坚持不懈用新时代特色社会主义思想体系来武装高校大学生,进一步落实立德树人这一根本任务,坚持育人为本、德育为先。

加强思想政治教育,强化思想武器,也是有效应对波诡云谲国际形势的要求。目前国内国外形势都在发生深刻变化,世界多极化、经济全球化、社会信息化、文化多元化深入发展,世界面临着极大的不稳定性,同时意识形态领域的斗争更加尖锐,西方各种思潮诸如民粹主义、普世价值、消费主义、泛娱乐主义等给当代高校大学生带来各种思想冲击,西方敌对势力也一直争夺青年人的价值认同,所以高校一直是西方意识形态渗透的重要领域。因此高校教育者需要形成紧迫意识,并且针对不断变化的教育环境和教育对象调整教育观念和教育方式,极力争取高校大学生的认同、兴趣和关注,进而引发他们深入思考,由此提升政治敏感性和政治鉴别力,建立自我抵御西方敌对势力渗透的防线和屏障。因此高校教育者需要切实把核心价值观学习、宣传和践行好,把高校大学生的思想塑造作为思想政治教育的出发点和落脚点,不断革新教育观念,以适应高校大学生的需求。

2) 高等教育内涵式发展:高校思想政治教育新高度

高等教育发展是国家人才培养的保障,也是社会主义事业接班人的保障。教育部先后出台的《国家中长期教改革和发展规划纲要(2010—2020 年)》《全面提高高等教育质量的若干意见》等对高等教育内涵发展作了顶层设计,旨在全面提高高等教育质量。高等教育是时代之学,需有强烈的问题指向,切中时代之问,高等教育需要能够促进人的灵魂升华,唤醒人之为人的精神生命。而其目标的实现离不开思想政治教育的引领和保障,德才兼备的人才离不开优秀的思想引领和价值塑造。因此,高校思想政治教育是高等教育目标实现的前提和基础,亟须在内容和方法上创新。

近些年来大数据、5G 网络、元宇宙、ChatGPT 等诞生,改变着我们的生活、学习和工作的模式,塑造着我们的思维方式,同时它也将人和物之间的紧密关联提升到一个从未有过的程度,世界处于万物可联的状态。这些引发了高等教育领域的巨大变革,教师的教育理念、教学方式在变化,学习资源、学习环境等教育场景要素也在发生深刻变革,学生处于"人人互联"时代,在"无限"网络空间中产生学习新体验,教育场景的维度不断拓展,高等教育改革与教育信息化的进程不断加快。思想政治教育在高等教育中发挥塑造人格、道德引领的重要作用,高等教育的创新性变革，倒逼思想政治教育从形式到内容的改革，思想政治教育需要紧跟时代步伐，开展自我革新，贴近时代要求。

3）互联网给高校思想政治教育带来新挑战

2015年颁布的《关于进一步加强和改进新形势下高校宣传思想工作的意见》指出，要"着力增强高校大学生思想政治教育针对性、时效性，启动高校大学生思想政治教育提升工程"。从教育的视角看互联网是把双刃剑，一方面它促使高校思想政治教育工作借助于网络带来的信息化，在内容、方式、媒介等方面予以创新，同时也有利于整合教育资源，拓展教育者和教育对象的视野，给高校思想政治教育工作带来前所未有的活力，破解互联网环境下传统思想政治教育的窠臼，建立起思想政治教育的亲和力和感染力。另一方面，网络成为高校大学生知识和休闲娱乐的方式，同时也逐步成为高校大学生的主要思维方式，大量纷繁复杂的信息吸引着不同需求的学生，逐渐塑造着他们的价值取向，由此呈现互联网时代特有的学习和思想规律，引起主流意识形态和西方思潮之间的斗争，这需要高校加快研究互联网时代高校大学生的思想政治教育特征和规律，并积极给予教育政策指导。学生获得的信息数量更多，类型更加复杂，内容更加多元，学生尚未定型的价值观有受到侵蚀的风险。

6.1.2　变革什么

高校思想政治教育发展理念创新的基本内涵是对高校思想政治教育创新的自我理解和本质规定，其内在地回答了高校思想政治教育"是什么"以及"应当是什么"的根本问题，蕴含着其本质表征、思维范式、现实指向和理想原则等。

1）高校大学生思想政治教育理念变革

网络空间和高校大学生思想政治教育本身是具有自身特定功能和运行属性的系统，两者融合形成一个新的系统环境。互联网给高校大学生思想带来深刻性影响，是一个重新对他们进行建构的重要和新颖的系统，同时这个外部系统的嬗变，倒逼着思想政治教育系统自身的重构。网络和思想政治教育两者密切关联，彼此渗透，具有高度的耦合协同性。主要表现为：一是实践共生性。网络空间为高校大学生的思想政治教育拓展了范围，作为现实的延展，创设了虚拟实践的新形式，当代背景下脱离网络去研究思想政治教育是不现实的。二是社会同构性。网络空间是更加复杂的社会关系的体现，高校大学生思想政治教育在网络社会关系中进行开展，其内涵、特征、要素等在网络中具有新的社会属性。三是公共性。网络空间毋庸置疑也是社会公共空间，建构着高校大学生思想、思维习惯以及社会心理，而思想政治教育也是针对高校大学生群体的公众教育，网络空间成为高校大学生思想政治教育的公共载体，而高校大学生思想政治教育公共性的维护和建设,塑造着网络空间的道德,推动网络空间的健康发展。因此,在系统思维下深刻认识网络空间与高校大学生思想政治教育的内在联系,建立起网络背景下思想政治教育的新理念,旨在创新高校大学生思想政治教育观念,以及网络空间下思想政治教育的协同育人。

2) 高校网络思想政治教育方法变革

新时代网络信息革命给高校大学生思想政治教育的方式创新带来机遇,在不断赋能高校大学生主体性凸显的同时,网络空间增强了主体之间的交互性、沉浸性和自由。同时网络也缔造了高校大学生新的需求,包括对思想政治教育的情感性、亲和力以及自身自主性等,面对网络空间高校大学生思想政治教育目标的新变化和教育内容的新要求,不断探索网络空间中高校大学生思想政治教育规律,利用网络技术带来的新的方式、渠道等,优化教育形式,提升高校大学生思想政治教育信息生产的新颖性和多样化,开展高校大学生思想政治教育方法论和实践方式的创新。

3) 高校网络思想政治教育管理变革

虚拟网络空间内生成一种全新的社会结构和社会关系形态,高校大学生思想政治教育实践活动诸多在网络空间中进行,"在现代高度组织起来的社会,复杂的系统几乎无所不在;任何一种社会活动都会形成一种系统,这个系统的组织建立、有效运转就会成为一项系统工程"[①]。当下思想政治教育的网络空间秩序有待重整,制度规范有待加强,教育环境有待净化,教育内容有待更新。网络空间的自由赋予,双刃剑的效应导致价值观尚未定型的高校大学生失去价值选择和判断能力,进而产生观念危机、行为失范等问题。因此积极探索网络空间的高校大学生思想政治教育管理,维护网络空间的正常秩序是发挥网络教育功能的重要话题。当下亟需整合各方资源,借助政府力量,建立绿色网络教育空间,促进网络健康发展,建构网络道德体系,进而全面激发网络空间独有活力。

6.1.3　怎样变革

思想政治教育的环境正在发生着改变,它也在塑造着人的思想,具体表现为从社会导向到社会与个体统一导向、从规范导向到规范与发展统一导向转变的趋势,高校思想政治教育需要构建"传统"与"现代"思想纽带,实现自身理念的历史向度创新、塑造"个体"与"集体"和谐关系等,以及打造"应用"与"价值"思维模式实现自身理念系统结构创新[②];大数据时代高校思想政治教育创新应形成量化

---

① 钱学森.论系统工程[M].长沙:湖南人民出版社,1982:108.
② 蔡震宇,薛勇.国家治理视域下高校思想政治教育理念创新研究[J].黑龙江高教研究,2020,38(06):118-121.

集成、精准预判和个性化等新理念①。

1）占领教育高地

网络空间作为思想政治教育的新场域、新空间，需要做到因势而新，认真重点研究互联网这个"最大变量"对思想政治教育的影响，主动占领网络这个战略"新阵地"，运用思想政治工作"新工具"，创新思想政治工作"新方法"，进而形成高校线上线下思想政治工作的最大合力。一是整合资源净化网络环境，为高校大学生思想政治教育打造健康清朗的环境。网络声音纷繁复杂，意见表达千姿百态，习近平在主持召开网络安全和信息化工作座谈会上提到，网络空间天朗气清、生态良好，符合人民利益。网络空间乌烟瘴气、生态恶化，不符合人民利益。我们要本着对社会负责、对人民负责的态度，依法加强网络空间治理，加强网络内容建设，做强网络正面宣传。当前作为网络原住民的高校大学生，互联网使用早已成为他们的习惯，但是从思想政治教育的角度看，由于高校大学生心智尚未完全成熟，面临着铺天盖地的各类信息，无从判断，导致价值观念混淆，因此对于网络空间的价值占领应该成为高校思想政治教育工作的基础。

2）创新供给

高校需要面对变化了的内外部环境，审时度势，做好顶层设计，并积极搭建平台，整合资源，培育教育人才。面对网络各类繁芜庞杂信息，高校大学生的思想状况也处于急剧变化当中，优化思想政治教育供给是高校面临的重要命题。高校思想政治教育必须坚持强化价值引领，积极通过供给侧结构性改革，从内容、形式、平台上进行创新，增强思想政治教育的吸引力和向心力，不断推出有特色的高质量网络思想政治教育作品，以优质内容赢得高校大学生的内心，在诸多的思想潮流中更加凸显主流价值的魅力，真正让高校大学生产生信服和信心。从根本上说，思想政治教育是做人的工作，需要围绕学生日常生活场景，随时关注思想变化，关照学生内心需求，尊重学生需要，掌握网络技术，通过网络了解高校大学生思想、行为等微观轨迹和宏观境况。供给优化指向一是高校大学生的价值塑造。青年人是国家发展的希望，关系着国家的未来，只有青年高校大学生真正认同核心价值观，才会在情感上、行为上予以体现和践行，才会在纷繁复杂的社会潮流中坚定自我，进而赓续时代使命，思想政治教育的有效性是教育过程中始终贯穿的重要问题，真正让高校大学生在诸多信息和思潮中去芜存菁，进而坚定自我以及国家发展的信心。二是着眼于学生美好精神生活需要优化内容生产。自古即今人类社会面临的一个突出问题就是自我和社会发展关系之间的博弈，仅仅考虑社会进步忽视个人发展的教育是不能持久的，只有将两者的发展有

---

① 常宴会.大数据时代思想政治教育理念的三重反思[J].思想教育研究,2017(08):106–110.

机结合才能让愈益理性的个体建立内心的认同,让高校大学生明确方向、明辨是非。三是针对当下青年高校大学生社会和个体意义感的弱化,需要通过内容的意义感,唤起高校大学生内心价值感,应对动荡和飘转的外在环境。高校大学生群体中"躺平""佛系""摆烂"等现象,透露了高校大学生内心的孤单感增强、意义感缺失,生命感削弱,思想政治教育需要通过大数据技术,动态且随时了解高校大学生的思想倾向以及行为规律,为因材施教、开展个性化教育提供基础。

　　3)技术开发和运用

　　纵观历史发展进程,技术在其中发挥至关重要的变化,教育也不例外。技术改造了世界,方便了生活,改变着人们的思想,推动经济社会发展。高校思想政治教育应加强技术支撑,创新教育的媒体手段,优化传播方式,占领信息传播渠道,充分利用现代化技术实现教育的数字化和智能化转型。首先注重高校思想政治教育数据库建设,实现教育资源共联共享。高校内信息资源丰富,通过信息的整合,能够比较完整地将高校大学生的外在行为和内在思想进行动态呈现,这就需要高校机构在技术升级和改造上不吝投入,建立学生信息大数据,充分整合联动学校内包括教务处、学生处、后勤、团委、组织部、二级院系等,将原本分散于各部门之间的信息整合形成对每一个学生的"思想画像",思想政治教育将会收到事半功倍的效果。二是打造思想政治教育的"智能场景"。元宇宙、AI、ChatGPT 等人工智能不断助力思想政治教育的智能化水平提升,教育和学习环境是一个全方位链接物理空间和虚拟空间的场域。思想政治教育需要立足于各类多层次的教育和学习需要,为高校大学生提供多元网络教育和学习资源,构建不同场景并有效运用,如智能教学、网络研判、教育评价等,建立起智能感知和多重服务的多元应用场景。建设思想政治教育一体化智能教育平台,全面把握青年学生的思想发展和动态轨迹,积极利用智媒技术来抢占思想阵地,通过关键词、社会网络等,对高校大学生关注热点进行可视化分析,推动思想政治教育跨界融合,实现面向高校大学生思想政治教育内容的自动供给、精准匹配和智能推荐,助力思想政治教育多维度的"应用场景革命"。

6.2　高校网络思想政治教育主体建构

　　习近平总书记针对思政课教学指出,"要加大对学生的认知规律和接受特点的研究,发挥学生主体性作用"[①]。"主体性"是一个涉及哲学、社会科学、政治学等多个领域的概念,具有复杂性和多维性。马克思主义对于"主体性"一词的界

---

① 习近平在学校思想政治理论课教师座谈会上的讲话[N].人民日报,2019-03-19(02).

定,主要是从哲学和政治经济学的角度进行的。马克思主义认为,主体性是指人类作为社会历史的创造者和实践者,在实践中创造和改变世界的能力和意识,具体包括三个方面:其一是人作为主体,具有自我认识和自我反思的能力,能够对自己和周围世界进行分析和判断,同时也能够思考自己的目的和价值,以及对外部环境的影响和反馈,从而更好地指导自己的实践行动;其二是作为主体,能够通过自己的实践活动来改变自然和社会的状态,具有创造性;其三是人作为主体,不仅是社会的一部分,也是社会历史的创造者和推动者,能够在实践中改变和创造历史,通过实践,人类可以获取新的知识和经验,创造新的价值和文化,同时也能够不断地完善自己的自我意识和创造性能力。在马克思主义哲学中,"主体性"被视为人类自觉地改变自然和社会历史发展的核心能力和特点。从这个意义上来说,"主体性"是人类意识的高度集中和深刻表现,是人类作为有目的和自觉行动的存在的本质特征。"现代性的主体主义思想主要囊括了人本主义、个人主义和理性主义的三大思想理念。"①人的主体性是指人的主体意识和倾向以及人作为主体所具有的各种功能属性的总和,即人作为主体在与客体的关系中所表现出来的自为的、自觉的主观能动性。

马克思主义对人的自由全面发展的价值追求,也是思想政治教育目的的体现。近年来在思想政治教育价值研究领域,人学转向研究不断增多,遵循马克思主义人学研究范式,不断彰显人的主体性,强调人的发展是终极目的。思想政治教育作为促进人的思想的学科,教育者与受教育者处于核心地位,他们在教育的双向互动中实现着彼此,需要做到充分尊重和激发个体的主体能动性,思想政治教育的人的自由全面发展价值取向,体现了具体的情境、具体的人和具体的选择,思想政治教育的价值在于对人的发展引导和激励作用,其创新发展必须始终坚持人的自由全面发展理念。主体性思想引入思想政治教育领域,源于学界对思想政治教育"教""学"双方地位作用的区分与界定,后经实践发展赋予特定内涵,逐步形成"思想政治教育主体性"这一概念。在以往的教学过程中存在着主客二元对立的现状,为改变这一现状主体性教育应运而生。无论是教育者主体性论者、受教育者主体性论者,还是主体主体性论者、客体主体性论者,基本上都认同主体性就是人在思想政治教育过程中所表现出的自主性、能动性、创造性。

6.2.1　思想政治教育主体性强化的必要性

1) 思想政治教育主体性强化是思想政治教育实践性的体现

思想政治教育坚持主体性原则一方面能够有效克服教育者无视个体的需要

---

① 漆思.现代性的主体主义理念批判[J].江西社会科学,2011(6).

和兴趣,另一方面能够有效克服受教育者很难产生积极接受教育的主动性和积极性,造成思想政治教育效果不佳的现象①。因为在长期的教育实践中,传统的思想政治教育方法往往是一种单向度的灌输教育,教师和教材起着主导作用,被教育者往往是被动接受教育,缺乏自我思考和自我发展的能力。这种教育方法往往会导致被教育者对思想政治教育内容的理解和应用存在局限性,难以真正将所学知识转化为行为和价值观念。思想政治教育主体性的强化是对传统思想政治教育方法的一种改进和创新。通过加强被教育者的主体性,使其能够在思想政治教育过程中更加主动积极地参与和思考,不断提高自身的思想认识水平和实践能力,让被教育者更深入地理解思想政治教育内容,更好地应用到实际生活中,形成符合自身情况和国家现实的行为和价值观念,提高个人素质和社会责任感;同时,真正使思想政治教育成为一种"双向奔赴"的活动过程。

2)思想政治教育主体性强化有利于弘扬和践行主流价值观

马克思曾指出:"个性是创造的前提,个性发展是社会进步的源泉。"②社会主义核心价值观与思想政治教育的主体性有着内在的一致性。人民性是社会主义核心价值观的根本特性,人民立场是社会主义核心价值观的根本立场。同时,广泛践行社会主义核心价值观需要全社会共同参与,只有推动社会主义核心价值观同人们的生产生活实践、成长发展历程紧密结合,才能使之成为人们的行动自觉和行为规范,从这个角度而言,践行社会主义核心价值观需要社会各个主体发挥主观能动性。

3)思想政治教育实效性提升的保障

主体教育是一种基于主体哲学对教育培养什么样的人以及教育活动的认识,是一种教育的观念或教育哲学思想,它相对于依附性教育或客体教育而言。其基本观点是:人是教育的出发点,人的价值是教育的最高价值;培育和完善人的主体性,使之成为时代需要的社会历史活动的主体,是教育的根本目的;主体教育的过程必须把受教育者当作主体,唤起受教育者的主体意向,激发受教育者主体的自主性、能动性和创造性,使教育成为主体的内在需要,成为主体自主建构的实践活动。思想政治教育主体性强化能够更好地贯彻落实素质教育的要求,提高学生的综合素质和个人发展水平。通过注重学生的主体性,教育不再是单纯的知识传授,而是更加注重学生的全面发展和人格培养,让学生在学习中得到更全面的锻炼和提高。

思想政治教育主体性强化意味着必须要尊重和了解受教育者的需要,否则教育就会失去吸引力和针对性,受教育者就有可能缺乏接受教育和进行自我教

---

① 尹凯丰,高军.浅议思想政治教育的主体性原则[J].思想政治教育研究,2006(01):48-49+51.

② 马克思,恩格斯.马克思恩格斯选集(第1卷)[M].北京:人民出版社,1995:294.

育的动力，在尊重受教育者主体性的同时激发学生的学习兴趣和主动性，使他们更加主动地参与教育活动，从而提高教育效果。在思想政治教育中，学生作为教育的主体，充分发挥自己的主观能动性和创造性，积极探究、自主学习和实践，这样可以让学生更好地理解和掌握知识，形成正确的价值观念和思维方式，提高其素质和能力，为个人未来的发展和社会进步做出贡献。

思想政治教育主体性强化意味着提高学生的自我管理和自我教育能力。思想政治教育主体性强化可以帮助学生建立正确的人生观和价值观，提高其自我意识和自我修养，使其具备更好的思想品质和道德素养。在思想政治教育中，学生应该学会自我管理和自我教育，通过自我反思、自我约束和自我完善，不断提高自己的综合素质和能力，使其更好地适应社会的发展和变化，为个人未来的成长和发展打下坚实的思想和道德基础。

思想政治教育主体性强化意味着将理论教育和社会实践相结合，提高学生的思想水平、政治觉悟、道德品质、文化素养，另外还要将思政小课堂和社会大课堂相结合，大力推进实践育人推动社会实践和学生专业学习、实习实训以及社会服务相结合，挖掘资源图谱，加强劳动教育和创新创业教育。思想政治教育主体性强化可以帮助学生全面发展，提高其社会责任感和公民素质，使其具备为社会和国家发展做出贡献的能力。在思想政治教育中，学生应该积极参与社会实践和公益活动，了解社会状况和社会问题，树立正确的社会观和人生观，培养为社会服务的意识和能力，让学生更好地融入社会和国家发展，为实现中华民族伟大复兴的目标做出积极贡献。要坚持理论学习和实践探索相结合，以实践认知为主。要坚持问题导向，紧紧抓住学生成长发展的实际问题。因此要坚持共性教育与个性教育相结合，以个性化教育为主。

4）思想政治教育主体性强化有助于推进思想政治教育理论创新

思想政治教育作为一门学科而言，具有很强的思辨性，要求我们关注现实，与时俱进更新自己的教育理念，才能把握思想政治教育的变化规律并为社会发展服务。随着科技和社会进步，人们的生活方式和生活环境发生了巨大变化，人们的需求和期望也发生了变化。人们更加关注自身的需求和权利，更加强调个体的自由和平等，更加强调自我实现和自我认同，这一变化要求思想政治教育方式的革新，而思想政治教育主体性的研究正顺应了时代的要求，思想政治教育主体和客体的主体性的发挥，研究思想政治教育主体性可以让我们更加深刻地认识到个体在思想政治教育中的主体地位。传统的思想政治教育往往是以"灌输"为主，忽略了个体的主体性。通过研究思想政治教育主体性，我们可以认识到教育的本质在于引导和激发个体的自我认知、自我反思和自我发展，让个体成为思想政治教育的主体此外，思想政治教育主体性的倡导还有利于深化和发展思想政治教基础理论。首先,研究教育对象的主体性可以深刻理解和贯彻社会存在与社会意识辩证关系原理。这一原理认为,社会存在和社会意识是相互作用、相互依存的。教育对象作为社会存在的一部分,其主体性的发挥与社会意识的传播、形成密切相关。只有深入理解教育对象主体性对社会意识形态的影响,才能更好地贯彻这一原理。其次,研究教育对象的主体性有助于深刻理解和运用人的本质学说。人的本质学说认为,人是有思想、有感情、有自我意识和主体性的。研究教育对象主体性的发挥,有助于更加深刻地理解人的本质,更好地把握教育对象的需求和发展规律,为教育工作提供科学的理论基础。最后,研究教育对象主体性的发挥,可以帮助理解和运用马克思主义关于人的自由和发展的思想。马克思主义认为,人是自由的和有创造性的,应该在社会的基础上实现个体的自由和发展。研究教育对象的主体性有助于更好地理解和应用这一思想,为教育工作提供科学的指导。

总之,主体性是思想政治教育的本质和特点,只有深入研究和发挥教育对象主体性,才能更好地把握教育工作的规律和实践问题,推进思想政治教育学科的建设和发展。教育对象主体性研究是坚持马克思主义理论观点、方法的本质要求。马克思主义是教育学科发展的重要理论基础,坚持马克思主义的理论观点和方法,是思想政治教育学科发展的必要条件。教育对象主体性研究是基于马克思主义人本主义的理论基础,通过深入研究和发挥教育对象主体性,更好地贯彻马克思主义的理论观点和方法,提高思想政治教育的科学性和针对性。

5) 思想政治教育主体性强化有助于促进人的全面发展

马克思关于人的全面发展理论认为,所有的教育都是以促进人的全面发展为目的。首先,思想政治教育主体性强化能够增强人的自我意识和主体意识,个体将更加清晰地认识到自己的主体地位,激发个体内在的积极性和创造性,当个体认识到自己是思想政治教育的主体,自觉地参与其中,并思考问题、探索答案时,就会在实践中不断积累经验,提高自身的思考能力和解决问题的能力,从而促进个体全面发展。同时也能认识到自身对于社会和国家的责任和义务。这样的认识能够让人们更加自觉地参与社会事务,积极地为社会和国家的发展做出贡献。其次,思想政治教育主体性强化能够促使个体更加深入地思考和探究社会、人生、道德等问题,增强自己的思想品质和道德水平,让人们更加理性地认识自己和周围的世界,从而更好地发挥自己的潜能。按照辩证法的观点,人的成才由内因和外因两个方面决定。外因包括平台、团队、资源、教育等,外因只是个人成才的条件。内因就是人的主体性、能力素质等,而且能力素质的形成也是与主体性直接相关。人的主体性是个人成才内驱动力的源泉,是原动力,是内因最核心最关键的东西。因此,主体性是人成才的根本性因素。

6.2.2　思想政治教育主体性建构依据

1）人的需求和利益

马克思说，"人们为之奋斗的一切，都同他们的利益有关"。人作为主体的需要和利益是其价值活动的起点和归宿，个人、群体、社会总体和人类社会的思想、动机和行为都可以从其对自身利益的追求中找到合理的解释，因为"'思想'一旦离开'利益'，就一定会使自己出丑"。思想政治教育根本性来说是统治阶级调节利益关系以巩固政权的国家行为，是调节社会利益的观念途径，它以价值引导的方式调节个人与群体、个人与社会共同体之间的利益关系，促进个人对社会主导意识形态的自觉认同，并形成持久的利益认同精神支柱和社会心理基础。

马克思认为，人的本质反映人的需要，"在任何情况下，个人总是从自己出发的"[①]。人的需要广泛、动态并且无限性，在思想政治教育活动中，当学生产生焦虑、对现实问题难以进行解释时，就会产生思想政治教育需要，思想政治教育主体性培育与学生的自身利益密切相关[②]。思想政治教育主体性需要从教育者、教育者之间、教育对象以及教育者和教育对象之间的互动进行增强。从教育对象而言，目前他们作为教育过程中的重要主体以及得到共识，教育者应从学生的个性差异、利益诉求、心理需要出发开展思想政治教育活动，更好地激发他们的主体性和创造性，教育过程中应当坚持以学生为中心的教育原则，从学生的个性出发创新思想政治教育方法，以符合学生心理需要和利益诉求的方式方法激发学生的学习兴趣，培养学生的主体意识，实现主体性培育的教育目的。人的主体性彰显反映了思想政治教育从外在工具性价值取向到人的发展的目的性价值取向的转向，体现了不同社会不同时代思想政治教育本质的普遍性与特殊性。

但是思想政治教育教师的需求一直受忽视，以"思想政治教育"和"教师需求"关键词在中国知网搜索论文数很少。我们在关注主体需求的时候将注意力多半放在教育对象高校大学生身上，但是作为主体之一的教师需求以及获得感等方面的研究很少，更多讨论的是其职责和要求，这本身说明了教师需求和内在感受被忽视的事实。我们在注重和承认高校大学生利益和需求的同时，不能错误地以为他们和教师之间的关系是此强彼弱、非此即彼的关系，只有多个主体进行良好互动、合作才能更好地促进各自主体性的提升。

在工具理性的影响下，教师有时被看作教学、科研和社会服务等功能的条件和手段，在其内在的感受和需求遭忽视的情况下，教师缺乏自主选择多样化的活

---

① 马克思，恩格斯.马克思恩格斯全集(第3卷)[M].北京：人民出版社，2005：514.

② 唐登蕓，吴满意.新时代高校思想政治教育内化的价值、逻辑与改进[J].思想教育研究，2018(8)：95 - 100.

动,以及全情投入的动力,这无疑会制约其主体性的发挥。思想政治教育属性决定了想要激发教育对象积极性,教师除需基本的教育理论和教育技术外,也需要教师更多的热情与耐心,给学生更多的关爱与理解,真正做到"动之以情,晓之以理",而这更需要充分发挥教师的主体性,只有教师具有强烈的使命感、获得感和职业归属感,才能真正意义发挥对教育对象全方位的影响,也才能实现思想政治教育目标。教师主体性的发展不仅要指向客体,还包含教师之间的交往,在相互交流和合作中增进各自的主体性。受当下功利主义影响,对教师的考核多实施量化打分和绩效测算,并以此作为决定教师职称评聘、竞争上岗和薪酬发放的重要依据,这种管理模式或许能提升显性的"业绩产出",但是对于主观教育投入程度、对于教育对象的情感付出却不在计算之列,同时这种管理模式使得教师主体间的交往和合作的意愿大为降低,教育被矮化为个体的单独化和量化工作,导致教师主体性的缺失。因此,思想政治教育主体建构,不能忽视教育者和教育对象任何一方的需求和利益,如此才能形成良好的教育系统,彼此促进,互为补充。

2) 虚拟空间与现实主体的统一

网络空间中的主体与现实中的主体相比较其权威性相对削弱,他成为空间中信息的集合体,网络中的数据和信息权威性增强,它让人成为可以被运算、被评估的对象。这样的改变是人们始料未及的。"人们自己创造的本应为人的发展起促进作用的网络,其由于诸多因素的影响反而成为人的一种外在制约力量,成为一种异己的力量。"①与现实社会空间不同的是,人们改造社会的对象性活动的方式发生了改变,不再是直接的人—人关系或者人—物关系,而是借助数字化的方式对人类自身的需要进行信息化的加工和技术表达。呈现在网络空间中的存在物,人们可以看到、听到,甚至感受到,但与直接面对面的接触隔着网络、隔着智能终端设备、隔着时空,虚拟空间的人和现实空间的人似乎产生了异化。

但是在智能社会中,人的主体意义更丰富,人存在和发展的环境和领域得到了扩展,人们的生产生活从现实空间拓展到网络空间,最大的现实就是二者的融合。人通过智能化的工具和技术,改变了自己劳动的方式,人们在网络空间中的劳动仍然是对现实生活的对象性活动,对网络空间的改造是为了达到对现实生活改造的目的,人通过劳动构建社会关系的本质没有改变,人的对象性活动的实践没有改变,教育活动过程中,通过网络教育者和教育对象之间的实践互动没有改变,教育的领域更加宽泛,方式更加多元。

网络空间和现实空间的融合已经使现实世界和虚拟世界实现了联通,教育者和教育对象在现实空间和网络空间的双重塑造中,形成虚拟和现实的个体统

---

① 张志兵,蒋伟.中国语境下网络内容规制的合理性论证[J].马克思主义与现实,2012(06):172-176.

一，完成个体整合，最终目的仍然是实现人的解放，实现人的自由全面发展。

3）教育立足于现实的个人

"现实的个人"本身就蕴涵着一定的社会关系与实践活动，抛开社会性就只能是抽象的个人。马克思把现实的个人看作是人类社会历史的起点，以此出发考察人的现实生活过程，这也成为唯物史观观察社会历史现象的根本观点和方法。研究思想政治教育的人本价值，必须从现实的个人出发，首先探讨现实的个人与思想政治教育的价值关系，即思想政治教育个人价值形态的具体内涵，然后在这个基础上进一步探讨思想政治教育的群体价值、社会总体价值等发展过程与规律。智能社会中人的主体意义内涵表现得更丰富，人人都是发声筒，每个移动终端都可以表达自己的意见和声音，通过网络传递认知、情感以及价值，并不断在符合自己价值观的系统中表达和彰显着自我。

6.2.3 网络参与对思想政治教育主体的正向建构

1）网络中的主体性有助于现实中的主体强化

第一，网络中的多主体性可以促进信息共享和知识传递。不同的主体在网络中会分享各自的知识、技能和经验，这有助于其他主体了解不同领域的情况和发展趋势，提高他们的认知水平和专业技能。这些新的思路和想法同样可以应用到现实生活中的工作和生活中，帮助人们更好地适应和应对变化。此外，在这个信息共享和知识传递的过程中，网络中的多主体性还可以鼓励现实生活中的主体创新和合作。网络中的多主体性可以打破传统行业、领域和地域的限制，使得不同背景、地区和领域的人们可以在同一个平台上进行信息交流和合作。这种跨越行业、领域和地域的合作模式可以带来不同的思路和想法，从而激发新的创意和解决问题的方法。网络中的多主体性可以提供更多的知识和信息资源，帮助人们更好地了解行业的发展趋势和市场需求。在网络中，人们可以通过与不同领域的专家和企业家交流，了解最新的技术、市场和商业模式，这有助于人们更好地把握机遇，创新和探索新的商业模式。总之，网络中不同的主体在网络中分享自己的知识和技能时，他们可能会发现彼此之间存在共同的兴趣和目标，从而激发新的想法和解决问题的方法。这种跨领域的合作和创新有助于推动各行各业的发展和进步，使得人类社会更加富有创造力和适应性，有利于实现可持续发展。

第二，网络中的主体性有助于提高人们的合作能力和团队精神。网络中的多主体性可以提供一个平台，让人们可以与来自不同地方和不同背景的人们进行互动和合作。在这个平台上，人们必须学会如何理解和适应来自不同背景的人们的观点和需求，才能够更好地进行合作。首先，网络中的多主体性可以提高人们的跨文化交际能力和团队合作技能。在网络上，人们必须学会如何与来自不同文化和背景的人进行有效的沟通和协调。这需要人们具备跨文化交际的能力，包括尊重差异、包容多元、倾听并理解不同观点、寻求共同点等等。在团队合作中，这些技能也是必不可少的。一个团队中的成员来自不同的文化和背景，如果没有相应的跨文化交际能力，团队合作将面临很大的挑战。网络中的多主体性还可以帮助人们更好地理解不同的观点和意见。在网络上，人们可以与来自不同地方和不同背景的人们交流和互动，从而了解他们的观点和意见。这种了解和尊重其他人的观点和意见也是现实中团队合作和协作的重要方面。在一个团队中，不同成员可能会有不同的想法和意见。学会尊重和理解其他人的观点和意见，以及寻求共同点和协商解决分歧，是团队合作成功的关键。总之，网络使得不同领域和企业之间的合作更加紧密和高效。通过网络，人们可以快速地建立合作关系，共享资源和信息，并实现更加精细化的合作，各主体需要通过合作和协调来完成任务，这种合作需要信任、尊重和理解等因素的支持。这些合作能力同样可以应用到现实生活中的合作中，帮助人们更好地协同工作，增强彼此间的信任和尊重。

第三，网络中的主体性可以促进人们的社会参与和公民意识。网络中存在着许多不同的社交平台，例如社交媒体、在线论坛、虚拟社区等，这些平台为人们提供了一个广泛的社交场所，使得人们可以更加容易地与来自不同背景和不同国家的人们交流和互动。在这种多元化的环境中，人们可以更好地了解社会的多样性和复杂性，学习并且体验不同文化的特点和价值观，有助于促进人们的公民意识，了解并尊重不同人群的权利和利益，以及更好地适应多元文化的社会。网络中的多主体性为人们提供了更多参与公共事务的机会。例如，人们可以在社交媒体上加入特定的群组或论坛，讨论和分享特定的社会问题，并与其他人合作解决这些问题。通过这种方式，人们可以更好地了解社会中各种议题的重要性，并更加积极地参与社会的公共事务。同时，多主体性也可以促进政府与公民之间的互动，让政府更好地了解公众的需求和意见，从而更好地为公众提供服务。总之，网络通过参与网络中的各种公共事务和社会讨论，人们可以更好地了解到社会和公共事务的需求和重要性，从而增强自己的社会责任感和公民意识，这些能力同样可以应用到现实生活中的社会和公共事务中。

第四，网络中的主体性可以促进人们的自我反思和认知能力。在当今信息爆炸的时代，网络已经成为人们获取信息、交流、表达观点的重要途径，网络中的多主体性为这一趋势提供了更加广泛、多元和自由的空间。人们可以与来自不同地域、不同背景的人进行交流，了解不同的观点和价值观，从而提升自己的思维和认知能力。网络中的多主体性可以帮助人们意识到自己的局限性。在现实生活中，很多人的交际圈子是比较有限的，所接触到的信息和观点也相对单一，在这种情况下，很容易形成自己的思维定势，认为自己的观点是正确的，不愿意接受其他的意见和看法。而在网络中，人们可以接触到来自不同文化、语言和背景的人，了解到不同的观点和价值观，从而意识到自己的视野是有限的，需要不断地扩展。这种扩展视野的过程可以帮助人们更加客观地看待问题，不再被自己的偏见和局限性所束缚。网络中的多主体性可以帮助人们学习不同的思考方式。在网络中，人们可以遇到不同思维方式的人，例如来自不同文化和学术背景的人的思维方式和分析方法都有所不同，这可以帮助人们了解如何从不同的角度看待问题，如何以不同的方式分析和解决问题。通过这种学习，人们可以提高自己的思维能力，更加深入地思考问题，不再被表面的现象所迷惑。网络中的多主体性可以帮助人们理解和尊重不同的观点。在网络中，人们可以遇到许多不同的观点和意见，通过理解和尊重不同的观点，人们可以更好地理解和尊重不同的文化和价值观，并且在交流中更加谦虚和包容，这也能够帮助人们更好地适应多变的社会环境。在网络中，人们需要考虑到不同主体的利益和需求，需要从多个角度去思考和分析问题，有助于人们增强自己的反思和认知能力，进而在现实生活中更好地认知自我和周围环境。

第五，网络中的主体性还有助于人们提高协调和沟通能力。"实践是人们在具体环境中以自己的身体行动而展开的具体过程，正是因为广大网民根据设身处地的感受真实地表达着自己指向具体生活目标的意愿与追求，特别是面对千变万化、目不暇接的网络信息和社会场景转换，人们得心应手地选择了简短而快速的感性表达，既充分利用了网络微信的便捷性，又提高了立足日常生活世界的沟通效率。"①网络中的多主体性可以帮助人们学习如何理解和尊重不同的观点和意见。在网络中，人们可以遇到许多不同的观点和意见，通过理解和尊重不同的观点，人们可以更好地理解和尊重不同的文化和价值观，并且在交流中更加谦虚和包容。这种能力在现实中的协调和沟通中也同样适用，能够帮助人们更好地理解和尊重他人的想法，从而更好地与他人协调和沟通。网络中的多主体性可以帮助人们学习如何表达自己的观点和意见。在网络中，人们需要通过文字、图像、视频等多种方式表达自己的观点和意见，这要求人们具备更加清晰、明确和有效的表达能力。在现实中的协调和沟通中，同样需要具备这种能力，以便与他人进行有效的交流和协调。

2）网络参与的实践性有助于增强主体性

作为一种空间形态，网络空间在本质上是人的社会实践活动的产物，是对人

---

① 刘少杰.网络空间的现实性、实践性与群体性[J].学习与探索,2017,259(02):37-41+175.

的现实性社会关系和结构的生产与再生产,其首要功能即是模拟了"现实的人"的空间化生活①。网络参与是指通过网络工具和平台参与到各种活动、讨论、互动中来。网络参与的实践性包括信息获取与传播、网络互动与交流、网络创作与分享等。

第一,提高主体的实践能力。网络参与需要参与者积极参与和行动,因此可以锻炼主体的实践能力,增强实际问题解决能力。比如,在参与网上论坛和社交媒体平台的交流时,主体需要掌握一定的交流技巧和沟通技能,同时也需要处理各种意见和看法的冲突。这些经验和能力可以应用到现实生活中的各种情境中,例如在工作、学习和生活等领域中应对问题和挑战时。

第二,增强主体的主动性和自主性。网络提供了一个开放和自由的环境,使人们有更多的机会自主选择参与感兴趣的活动和项目。例如,在社交媒体上,教育者和教育对象可以自由地关注感兴趣的话题、加入感兴趣的社群、参与讨论、发布自己的想法和观点,相互之间可以进行积极互动,这些都是主动参与的体现。通过网络参与,人们可以更加自由地表达自己的意见和想法,不受时间、地域和身份的限制,从而增强了自己的主体性。参与网络活动需要主体积极参与和主动行动,这有助于提高主体的主动性和自主性,使其更加独立和自信地面对问题和挑战。网络参与能够培养主体的自我思考和自我管理能力,使其更加独立地表达自己的想法和看法。这些能力同样可以应用到现实生活中的各种情境中,例如在工作、学习和生活等领域中主动解决问题和采取行动。

第三,提高主体的思辨能力和创造力。网络是信息的海洋,通过网络参与,主体可以更快地获取到更多的信息,这些信息可以来自各种渠道,包括社交媒体、博客、论坛、学术文章等。这些信息的多样性可以拓宽主体的思维视野,让他们能够更好地认知和理解外部世界的多样性,使主体接触到更多的信息和思考方式,从而提高其思辨能力和创造力。例如,在参与网上论坛和社交媒体平台的交流时,主体需要从各种信息和观点中进行筛选和思考,从而提高其思辨能力。同时,网络参与也能够促进主体的创造力,让其学会在虚拟世界中进行创意表达和创意思考。而在现实生活中的各种情境中,例如在工作和创业等领域中,同样可以进行创新和创意表达。

第四,网络参与能够增强主体的社交能力和人际交往能力。通过网络参与,主体可以结交更多的朋友和交流对象,拉近人与人之间的距离,促进社会互动和共同参与,建立更加广泛的人际关系网络,提高社交和人际交往能力,这些能力同样可以应用到现实生活中的各种情境中,如工作、学习和生活等领域。

---

① 张果. 网络空间论[D]. 武汉:华中科技大学,2013:84.

6.3　高校网络思想政治教育的情感体验的实践场景

情感体验指通过在教育过程中以发展学生情感和品质为出发点，增强情感调控和体验能力，促使学生产生积极向上的情感体验，进而形成独立健全的个性与人格特征，情感体验在思想政治教育中有着重要意义。思想政治教育中情感体验具有双向发挥效应。它在引导高校大学生成为教育活动中的主体的过程中，学生与教师建立正向互动关系，与教师交流观点，打开心门与思维，同时教师能够更好地针对学生需求进行知识、情感、价值观教育，通过情感融合将师生教育体验予以升华，教师与学生之间能够更加理解、信任和彼此接纳。

6.3.1　情感体验是实现思想政治教育目的的需要

思想政治教育的最终目的是人的发展，促进人格健全，要使个体接受和认同政治理论、道德规范和法律规则，不能仅仅是通过冷冰冰的知识传授和规则约束，要能通过人的情感感化进而上升到认同。从思想政治教育的目的看，无论是自我身心的和谐，还是人与人的和谐、人与自然和社会的和谐，都离不开情感的介入，以热爱和信服为基础的教育，就能是成功的教育。从教育心理学上看，只有内心拥有丰富情感的人才能更好地接受准则和规则，而情感淡漠的人对规则的排斥指数相对会高一些。达成"知行合一"目标，"情"是知行转换的桥梁和媒介，思想政治教育需要情感、信念、意志和行为习惯的保障。运用情感进行思想政治教育是亟须考虑的趋势，相对于单纯理论说教，情感教育更加能够使受教育者得以共鸣。"在人们思想政治品德的形成过程中，情感是心理成分中的重要组成部分，它不仅对认知起着引导和深化的作用，而且对于人们的社会行为起着引发和支持的作用。"[①]因而还要格外关注情绪情感在"知"与"行"之间的"纽带"作用。作为一个完整意义、人格健全的人，情感体验和情感认同，能够调整理想、信念的方向，对生命意义的感知，价值观的深度思考等，对于思想政治教育目标的实现有着积极的意义。

6.3.2　网络思想政治教育的实效性离不开情感渗透

思想政治教育是做人的工作，人的需要、思想、情绪、情感、意志等都会与思想政治教育发生关联，在思想政治教育目标达成的过程中，"情绪""情感"是桥梁和媒介，没有这个桥梁，"知"无法实现向"行"的突破。"情感是以主体为中介的

---

① 杨芷英.思想政治教育心理学［M］.第二版.北京：中国人民大学出版社，2019：36.

一种心理活动形式,反映的是客观事物与个体主观之间的某种关系。因而同样的客观事物,会因个体主观因素的不同,而产生不同的情感反应,甚至导致同一个人在不同状况下产生完全各异的情感反应。"①。传统教育注重知识的传授,在教育过程中几乎成为最关键的环节,教育环节的设计大都是围绕认知获得展开,基本上忽略了从知识获得到价值塑造完成的中间环节,即情感的内在机制和作用,把思想政治教育的过程简单化为从输入到输出,在研究的过程中也表现为关注起点和终点的多,而在此过程中的情感媒介涉及得不多,导致思想政治教育情感价值的理论研究相对缺乏,思想政治教育的实效性不强,情感、信念、意志和行为习惯对于思想政治教育的效果提升有着重要的作用。当然当下的教育研究中,学者们已经不断认识到情感体验的重要作用,尤其是网络场景之下的情感发生和作用机制更加关注。有了情感体验,受教育者能够实现心灵的共鸣和震撼,比单纯理论说教更能触及受教育者的心灵,进而促进"知情信意行"的自然转化,实现思想政治教育效果的跃升。

6.3.3　情感体验是网络思想政治教育创新的客观要求

提高思想政治教育的实效性,就要改革和创新②。思想政治教育的创新是自身发展需求,也是不断提升教育效果的保障。传统思想政治教育体现出抽象性和客观性要求,关注主观情感难免会被认为削减了其严肃性和科学性之嫌。现代社会发生了巨大的变化,人的思想和主观意识在此大背景下也在发生惊人的变化,尤其在网络技术的加持下,人的生活方式、思维方式、社会关系等与此前有着非常大的差异,看似时代以其发展进程中的成果促进了人与人之间的联结,但是实际上社会关联方式的紧密化并没有促进人的情感上的深度滋润,恰恰相反人与人之间是疏离的,情感上是荒芜的,人们在各个领域内对情感的渴求也表现得非常凸显。思想政治教育以往以其严肃性、政治性示人,似乎与情感无缘,但是如前所述,思想政治教育对接人的思想,人作为鲜活的存在,与其他生物最根本的区别在于其情感性,这一点是思想政治教育实施的认知起点,否则就会陷入抽象的教育活动,也使得思想政治教育落于窠臼之中。基于以上分析,当下的思想政治教育创新的动力,在于不断贴近时代的变化和人的内在需求,体现人的主观情感性,使用生动形象的话语,促进师生的情感互动,增强崇拜认同等情感,同时还包括生动的教育情境,以激发学生的情感体验。以教育语言为例,就心理接受度而言,生活和实践话语更易为高校大学生接受,贴近生活的语言,直白的表达,发轫于学生的情感和心理需求,根据不同的场合、不同的施教者、不同的教育

---

① 卢家楣.心理学与教育:理论与实践[M].上海:上海教育出版社,2011:227-228.

② 王丽英.情感教育嵌入思想政治教育的理论分析[J].理论月刊,2011(06):183-185.

对象，不同的需求进行。教育过程中，情感是流淌于教育之中的柔性要素，不同于知识的灌输，它是思想政治教育创新实效性的一个重要路径，能够让学生在情感体验上认同观念、制度等内容，教育是个内化的过程，只有当教育活动能够与学生的灵魂产生碰撞和共鸣，才能从思想上接纳和认同思想政治观念，进而内化为心理结构、认知方式和生命价值[①]。

6.3.4 营造多重情感体验环境

思想政治教育研究的核心关系悄然变化为"主体－空间－客体"[②]所构成的三元结构，思想政治教育灌输式的培育在我国一段时间内发挥了不可替代的作用，然而与现时代特点及要求已然有些脱节，作为"主体"和"客体"联结、"主体"通向"客体"的媒介，"空间"或者场景是诱发情感的重要导体，在思想政治教育过程中有着重要的体验价值。"体验"是价值内化的必经环节，唯有经过身临其境、层层深入的体验，在体验过程中融入自身的生命意义理解和经验观念，才能逐步在高校大学生内心留下烙印，并逐步在实际人生体验中予以验证。通过创设网络教育体验环境，突破时空场景限制，延展学生感知，立足于学生实际需要来丰富网络教育素材，充分开发不同的媒介载体功能，分别从视觉、听觉、触觉、嗅觉等多个角度刺激受众感官系统，使个体从中获得越发鲜活生动的情感体验，并在潜移默化中促进高校大学生认同核心价值目标。除此之外，要注重"景"和"情"的有机嵌合，注重内容与场景设计的融合，这要根据高校大学生的喜好及作息特点，把握空间维度和时间维度的适时嵌入。当下教育领域内需要有学生注意力与用户时间分配的核心评价逻辑，把时间和注意力分配到新开发的场景，并不断养成高校大学生新的参与网络习惯和心智模式。作为网络参与背景下思想政治教育的体验环境主要产生如下的几个研究内容：一是人和场景如何产生深度交互？网络上的场景大致可以分为物境、情境、意境三重境界，它们之间有序递进并有机融合，在场景设计与打造中构筑"体验"的在场感、交互感、共情感和沉浸感。二是情感和技术的深层联结。技术场景洞察教育对象的内心感受，能够记录情感轨迹，使得情感一定程度实现可视化，场景同时采取合适的表达方式和交互方式，完成人与场景之间的情感和价值观传递。三是实现精准关联。体验场景中的"人""场""景""情""意"之间有着严密的内在逻辑，展现了多个维度的关系，比如主客体之间，"知"和"情"、"情"和"意"之间，教育过程中要注重进行分层

---

① 张桂华，顾栋栋.从接纳到内化——思想政治教育的主体性生成逻辑[J].江苏高教，2019（05）：110-114.

② 陈宗章，黄英燕.网络思想政治教育主体及其协同关系探析[J].河海大学学报（哲学社会科学版），2017（4）：24-28＋90.

和分众的精准精细连接。

6.4　高校网络思想政治教育实践模式优化

网络所带来的不仅是技术革新,更重要的是引发了社会各个领域的急剧变化,对于教育而言,其意义也绝不是"互联网＋思政"的简单体现,其实是促进了教育领域的深刻变革,网络思想政治教育模式亟须调整。

6.4.1　思想政治教育主体相互交融

如前所述,教育者和教育对象构成思想政治教育的共同主体,网络更是逐渐打破传统教育中思想政治教育教育者和教育对象之间界限分明的关系体系,逐渐建构起主体客体化、客体主体化、主体社会化、社会主体化的复杂关系网络,传统的教育方式、教育内容都在这种关系确立中需要革新,思想政治教育主客体的角色界限模糊,有助于促进教育对象主体性建构,真正促进教育过程中主动性的发挥和自我教育的意识萌发,尤其当下的网络时代逐渐塑造了一个扁平的世界,教育中权威、身份、等级的差异逐渐弱化,网络中"人人都是发声筒",教育对象的主体地位得以充分展现。以往人们把教育对象看做教育的客体,意味着被动接受,单一地进行思想灌输,忽视了人的主观能动性,也是对主体性的遮蔽。如前所述,网络时代思想政治教育的目标之一,是促进主体性意识的萌发,与教育者共同组成教育的双重主体,不仅以传受双方的互动为主,同样强调以个体的个性化体验,是多对多、多对一、一对多以及一对一等多种传播方式进行着互动。教育对象在主体性生成的基础上,焕发内生的学习动力和互动热忱,形成自己的认知体系、情感理路、判断依据以及行为准则。总之,思想政治教育过程中唯有建立起主体性意识,促发学生的主动参与,在时代潮流中有所变,有所坚持,以开放的心态面对挑战,以不变的信心面对不断主体化的教育结构。

6.4.2　思想政治教育主客观评价融合

思想政治教育的效果目前主要通过外化行为来进行评估,但是思想政治教育的效果还体现在其思想内在的波动、情绪的体验、感受上的升华等,这些内在体验很难用具体的外在指标予以衡量和观察,除了具体的行为表现可以目测之外,较难用外在的可观察的指标对应内心的情感体验。

网络思想政治教育作为价值教育,既有与其他教育评价类似的客观评价标准和内容以及方式,但是更加重要的是其主观评价的内容,诸如思想政治教育过程中的感受是什么？是否有了对生命、价值新的认识和坚持,并且能够一直贯穿于其行为中？在教育过程中人的情感体验有没有变化？怎样的变化？有没有实现情感共鸣？学习过程中情绪是有激烈的冲突，比如愤怒、愉悦、信心还是漠不关心？通过教育，高校大学生的关注点、言语、视角、态度是否发生变化？通过这些主观感受的有效评价，能够更加接近对于思想政治教育"立德树人"目标的理解，碰触到思想政治教育的育人核心。总之关注网络思想政治教育实效性就不能忽视教育对象的实际感受。

思想政治教育质量的评价是个比较复杂的过程，是个思想内化与行为外化的体现，行为外化可以通过特定的事件、场合环境来予以体现，但是囿于内心思想的难以监测性和动态性，以及行为的多因性，思想政治教育对于价值引导追求的目标使得其评价一直扑朔迷离，雾里看花。

1）思想政治教育评估的复杂性

第一，多因性。思想政治教育效果主要通过内在思想和外在行为予以体现，但是人的思想与行为的结果，本身有着多因性，较难判断其直接的引发原因。思想政治教育质量的高低与多种因素相关，诸如环境、自身内省、家庭等的影响，学校思想政治教育的效果难以通过单一因素进行判定。无法建立思想和行为结果之间简单的因果联系，难以确定评估的对象、因素。无论是受教育者面对的是客观知识体系的认知学习，还是面对的是主观思想意识的同化建构这一显著区别，决定了两种完全不同性质的学习方式。因而高校大学生专业学习和成绩有着较易辨别和评价的学习效果，而高校大学生思想政治教育有着相对缓慢和潜隐的效果，

第二，动态性。思想政治教育评价的动态性特点表现在多个方面。首先，评价活动本身就是一个动态的过程，包含确定目标、搜集资料、分析资料、形成判断、反馈指导等一系列步骤。其次，思想政治教育和高校大学生思想品德的变化，都是动态发展的过程，其效果往往要经过一段时间才会表现出来。因此，考察和评价高校大学生思想政治教育的效果要坚持发展的观点，注意经常收集思想政治教育的信息，把日常思想政治教育工作的检查与定期评估结合起来，使高校大学生思想政治教育评价更加客观、全面、公正。再次，评价者往往会通过有意识地调整指标体系的设计和某些指标的权重，引导评价对象积极主动地去克服某些薄弱环节，朝着既定目标迈进。

第三，内隐性。思想政治教育的效果目前主要通过外化行为来进行评估，但是思想政治教育的效果体现不止于还体现在其思想内在的波动、情绪的体验、感受上的升华等，这些内在体验很难用具体的外在指标予以衡量和观察，除了具体的行为表现可以目测之外，较难用外在的可观察的指标对应内心的情感体验。

2）网络时代思想政治教育评价特点

网络时代下，技术对于思想政治教育的评价提供了有利条件，一定程度上克

服了思想政治教育评价困境，主要表现为：

第一，精准性。随着时代发展，思想政治教育对象日益复杂和多元化，思想政治教育评价的要素日益复杂，对思想政治教育提出更大挑战和压力。大数据的内涵与特点在于，大数据（big data），也叫巨量资料，是一种高增长率和多样化的信息资产，它与人类社会日益普及的网络行为伴生，是非传统结构的庞大数据组。它特点是能够实时"溢出"的同时，还蕴含着数据生产者的意图和喜好，揭示了大数据具有 4V 特点：Volume（大量）、Velocity（高速）、Variety（多样）、Value（价值高）。这些特征能够综合高校思想政治教育的大量数据，包括日常生活、学习情况、交往等内容进行分析，形成规律性和趋势性的内容，与此同时，也能够以某一具体的个体为分析的基础，为精准"滴灌"式思想政治教育提供支持和保障。

第二，全面性。网络科技以及其大数据技术，为思想政治教育全面了解高校大学生思想状况提供可能。大数据是从全局的观点来看待分散的数据，大致是运用集成的思想将结构化的多源异构数据整合在一起，过程中消除数据的异质性，并实现数据资源的交叉复用，然后通过云计算平台等对聚合的数据进行管理，实施数据的存储、检索、多维数据分析规约和变换等操作，用来支持应用需求。在收集分析数据的基础上，解析和挖掘信息是核心，综合运用各类人工智能、机器学习和统计分析的方法，诸如关联规则、决策树模式挖掘异常检测、复杂网计分析等方法，从大数据中提取深层次知识和规律。由于数据量大以及完备性的要求，需要我们能从全局大数据中寻找潜在的、有意义关联现象，从而实现跨领域的数据应用。这对思想政治教育领域工作者而言是个挑战，需要不断学习数据分析的技术，增强数据运用能力。

第三，及时动态性。这和人的思想动态以及发展变化是相契合的，并且和传统思想政治教育相比，对教育对象的发展观测更便利和有效，且能结合教育对象的行为变化作动态持久跟踪。通过比较受教育对象前后的思想和行为数据，评估教育实施的有效性和行为数据，以及教育的效果和作用的程度，重点观测教育所针对的问题是否得到解决或改善，同时结合所记录的教育实施过程，从正、反两个方面，从大数据中提取知识和规律，总结教育实施的成功经验和不足之处，以便对教育策略进行随时调整。

由上可见，网络思想政治教育评价过程中，既要有客观的要素指标，同时也要有主观评价，才能较为全面准确衡量思想政治教育效果。

6.4.3　教育渠道多元整合

网络为思想政治教育打开了教育多元化之门，各种平台、载体、信息源纷至沓来。它改变着高校大学生的生活和思维方式，摆脱了地域和时空限制，网络的虚拟性具有突破时空、性别、年龄等限制的优势，它集聚技术先进性、主体凸显性和信息共享性，为思想政治教育搭建了多元平台。网络背景下教育信息的传播路径从单向度转向多向度、传播媒介从二维转向三维，信息的传递和发布更加自由，信息的接受与运用在数字技术、网络技术、移动通信技术的加持下更加便捷。在这一过程中，学生可以突破课堂和现实资源的限制，通过各种网络教育平台和渠道获取知识和信息。从教育者角度看，可以借助网络、数字媒体、即时通信软件等工具随时获取丰富的教学资源和信息表达方式，用立体、多维的教育内容，增强思想政治教育的辐射力和吸引力。传统灌输式的思想政治教育依旧有其生命力，但是单一说教的教育方式不能完全适应当代高校大学生的需求，我们的教育对象和以前相比发生了很大变化，他们的成长背景、经历、环境已经和以前大不相同，接受信息的渠道更加多元，处理信息的能力不断增强，单方面的知识输入将难以满足他们探索世界和自我的需求。面对网络信息化社会每天纷至沓来的信息，单纯知识性的教育一定程度上由社会和自我教育完成。

另一方面，针对不同高校大学生关注的平台进行精准分析。同时对网络的互动内容进行精细化研究，诸如评论区、弹幕区的思想动态予以关注。评论区、弹幕区等一般是高校大学生的思想表达场所，更容易把握青年高校大学生的思想动态、发展趋势，充分利用好这一思想政治教育阵地，进行价值挖掘。相对而言，评论区、弹幕区能更吸引高校大学生关注，传播面更广，更关键的是高校大学生参与度高，能够成为高校大学生思想画像的外化呈现。

思想政治教育的关键和重点应该转向价值渗透和情感认同，促进学生世界观、人生观和价值观的转变。促进教育效果进一步提升。思想政治教育过程一直贯穿"培养什么人、怎样培养人、为谁培养人"的关键问题，"立德树人"是始终不变的教育使命。当下复杂的国际形势，以及各种表现多样的西方思潮都对当下年轻高校大学生思想塑造构成威胁，因而成长方向的引导是思想政治教育重要任务，需要探索更能打动高校大学生的教育方式，确立适应高校大学生需求的教学内容，触动高校大学生内心蛰伏的情感。

6.4.4　融入日常生活场景

教育本是无处不在，传统课堂教育"输出—接受"模式的教育，有助于规模化，但是思政教育如果局限于课堂教材理论知识的梳理与灌输，内容偏重于高大上的说教，导致高校大学生对思想政治教育造成一定的误解，认为它高高在上，理论指导现实性不强，抽象性较强与现实生活难以融合，如此难以激发高校大学生兴趣。

高校大学生的成长过程在时代背景嬗变下，其思想发展呈现新的特点，他们更加关注自我,也更加关注教育是否能够解决他们的疑惑。如此教育只有更多地贴近学生,贴近需求,贴近生活,才能贴近学生内心。首先,理想信念教育是相对宏大的命题,但是在高校大学生成长过程中不可缺少,思想政治教育工作者要注重消解理想信念在理论上的抽象性,一个关键的路径就是要融入生活,教育内容要真正关注不同时代背景下高校大学生面临的疑惑和发展需求,直面高校大学生实际问题并注重解决,注重深入剖析并合理解释个体和集体、国家发展之间的辩证关系,以高校大学生易于接受的方式深入浅出且能呼应他们的困惑。其次,引领高校大学生关注精神层面的追求,而不是被现实中物质左右,成为消费主义、娱乐主义的俘虏。日常生活中需要倡导理想信念的建立,用更崇高的人生目标去引领高校大学生,用更能激发高校大学生情感共鸣的方式教育学生,进而引导他们能够超越现实困境,在未来的现实利益和精神价值的博弈中保持清醒的头脑,改变社会中功利化、世俗化环境对高校大学生的不利影响。

总之,思想政治教育通过管理、技术等方式创新不断增强观察高校大学生思想和行为趋势的能力,关注高校大学生的日常习惯和倾向,贴近高校大学生的话语传递价值,建立起高校大学生正向观察和学习视野,理性比较中国社会生态与西方社会,建立起立足于中国社会和中国传统的理解思维,扎根于我国实际情况的阐释方式。思想政治教育也要能善于借助现代技术,用高校大学生喜欢的视觉、听觉、感觉技术,吸引注意力资源。

第 7 章
高校网络思想政治教育主体获得感增强的有效路径

7.1 整合高校网络思想政治教育的场域

网络参与思想政治教育获得感的提升路径,需要结合网络时代高校大学生的新特点和新需求,按照"立德树人"的根本要求,整合资源,协同教育,创新方法,更新观念,尤其注重教育过程中契合学生需求,注重内在情感的唤醒,以及和主观获得感的形成,进而促进思想政治教育获得感提升。在此过程中,需要政府、高校、教师以及学生形成多方合力,积极协作,竭力促进网络思想政治教育育人新格局的形成。其中高校又担负着改革创新的主力,伴随新时代网络化时代的到来,高校需要结合新的形势,开辟思想政治教育获得感提升的路径。

首先是整合高校网络思想政治教育的场域。

"场域"一词是由法国著名社会学大师皮埃尔·布迪厄(P. Bourdieu)提出并做出系统性解释,场域理论作为他的基本理论,在其社会学思想体系中占有最重要的地位。目前场域理论被运用于大部分社会科学研究领域,并持续得以拓展。它对理解、分析当下的教育活动与教育现象有着重要意义。

高校作为高校大学生集中进行学习和生活的重要场域,对日常行为、价值塑造起着重要的作用,它将各类思政资源聚集并整合到同一空间和时间维度中,在同一类群体中实施教育,这个场域是教育者、受教育者、教育载体、教育方法及其相互关系等构成的系统的关系网络。

7.1.1 创新教学场域,突出价值引领

1) 思政课场域

思政课是实施思想政治教育的重要场域,在对思想政治教育资源进行挖掘、整合、输出的过程中,在课堂这个思政属性最浓郁的小场域中,应当突出正面、向上、积极的价值引领。作为定时且集中进行思想政治教育的思想政治课,对教育的专业性、引导性、情感感染力的要求更高,教育者和教育对象在这个场域中的

互动以及相互影响更为直接。传统的课堂模式主要强调的是教育者主体,他们的传授模式以及作用于教育对象的方式,在有限的条件下积极意义很明显,但是不断变化的时代背景和教育对象,要求课堂能够生发出契合时代要求的价值和力量。思政课教学质量不仅取决于学生主动性、参与性,也有赖于课堂中教师的创造性和投入,不仅进行知识讲授,还要承担价值传递和信仰塑造。如今的思政课受诸多客观和主观原因的影响,不少高校大学生对思想政治教育的价值和意义认识不足,不感兴趣或者存在漠视心态,这和传统的思政教育活动的参与要求和参与形式有一定关系,强制参加和缺乏血肉的知识灌输不能激发学生的主动性。网络空间中,学生自身接收的信息更丰富和庞杂,信息选择更为自由,这对思政课的创新提出了更高要求。因而,高校要拓展文化内涵,融入课堂,不仅讲授形式要更加多样,将不同场域、各层次、各学科的思政元素进行梳理和整合,更需要用好课堂教学主渠道,善于借力,同构共建思政课堂。

2）教学内容建设

坚持马克思主义在意识形态领域的领导权威地位不能动摇,着重解决思政课教育意识形态领域与社会现实之间的关系,紧密结合时事和学生学情等信息,多"接地气",贴合现实。充分利用融入式、嵌入式和渗入式等不同育人方式,利用超星网络资源、慕课、学习强国等平台资源,把国家政策、重大举措、改革成果与个体发展联系在一起,让学生产生信服感和真实感,让学生在丰富、贴近时代的教学内容中感受到发展的科学性、知识的系统性。

3）教学方式与平台建设

互联网迅猛发展为高校开展思想政治工作提供了现代化的手段,当然这种网络场景和平台同时也对高校思想政治工作提出了新的要求,产生了新的影响。通过网络场域深入挖掘中华民族优秀传统文化在思政课中的作用与影响力,充分利用现代智能技术进行融合教育。高校思想政治教育工作者需要加强对新媒体技术的学习和掌握,明确网络和传统思政教育的异同点,除了传统文化、历史文化、红色文化走入课堂,还应在场域中将思政资源实体化,整合汇聚成可提供具体情境感受、量化考察标准、对照提升模范的平台,把抽象的思政教育做得具体,把"难讲"的道理讲得更加"易懂"。由于网络场域具有多样性、即时性、互动性等特点,课堂思政教育可以借助多样的传播媒介,利用丰富的传播手段来结合学生的兴趣进行宣传,例如在形势与政策、劳动教育、军事理论等课程的授课过程中,学校教务部门可建立线上影视资料库、线上主流文化阵地等开展教育。

4）教育角色建设

角色明确是工作的基础,教育者和教育对象分别处于怎样的地位,对于教育效果而言非常重要。现代教育理论强调学生的主体地位,尤其教学活动要体现主体间的相互作用，即"主体间性"，强调教学双方处于平等的角色。从基本立场看，教师的身体力行和情真意切，比如对马克思主义理论的真懂、真信和真用，会直接影响学生学习的接受度和认同度，是增强学生政治素养的关键。从问题指向看，教师围绕学生思想的层次、已有知识结构以及内在需要来创新教学设计，有助于深入内心，探求问题，提升学习的实际获得。从教学能力看，教师的语言、理论功底以及教学技巧等能够起到"润物细无声"作用，无形中收获学生的信任。从教学方法看，教师既能用真理和逻辑的力量说服学生，也能用思想境界、人格魅力、道德示范和躬身笃行来影响学生。从学生角色看，他们不再是传统意义上的教育受众，而是通过日常知识积淀，具有一定通悟能力，因此有潜力有能力与教师深度互动，通过反馈教师进一步深化教学思考和优化教学方法。另外，在积极参与课堂的过程中，学生的思考品质、质疑精神、情感带入和内心感悟也能够提升课堂质量，深化问题意识，并促进教师和学生之间的深入互动，与此同时，学生体验获得感的同时，教师也能从中感受到发展性和精神性获得，在课堂教学过程中表现更加投入，对职业归属感也更加强烈。因此在教学过程中自我和外界的角色认知以及角色对待需要明确，以更优化网络时代的思政课堂，也可以作为思政课堂创新的良好契机。

网络空间中高校大学生是社交媒体的主要使用者、参与者以及传输者，无论是网络还是融媒体，都是一个集物质、能量和信息为一体的巨大平台，在这个"跨界"的时代，"去中心化"的趋势越来越明显，社交媒体主要使用者高校大学生能够与教师一起关注和共享知识和信息，他们可以借助电脑、手机、智能设备等，浏览文字、图像、动画、视频资料，而且网络的互动性使得高校大学生掌握了网络话语权可以不受时空限制，开辟了新的信息生产、传播和消费路径。网络场域中，高校大学生由被动接收变为主动参与，高校思政工作者由原先的"管理者"变为朋友和导师，网络思政教育的效果将更深和更广。

7.1.2　多方主体参与，构建教育场景组合

我国高校大学生多场景教育尚在试点探索阶段，有的偏重于学科综合素质的培养，党建和思想政治教育尚未贯穿培养的各方面、全过程，尚未形成完善的体制机制；有的精准聚焦学生成长发展中的重点、难点、堵点和痛点问题重视程度，各类育人资源还不够丰富，育人合力有待提升；有的缺乏完整建制的实体机构统筹社区一体化建设，多管理主体职责交叉、责任不明等。在管理体制上，高校内部的管理，不同主体之间在行动上存在各自的利益考量，学生社区所涉及的多种主体也难以在实践中有效整合。在场域理论视角下，教育环境不是一个固定不动、绝对静态的物理空间，而是由学生、教室、管理和服务人员、社会力量等

行动者构成的关系网络。关系网络的整合急需实现多方行动者的融合,也需要配置并整合相应的结构资源与条件,不断完善协同育人机制。学校可依托党建和思想政治教育活动嵌入学生社区,建立实体机构统筹社区建设提升整合效应,将学生社区打造成为实现知识传授与价值引领有效融合的浸润空间,通过多种途径增加学生情感认同,一体化推进规划、建设和管理工作。

1) 优化工作机制

首先高校要明确组织制度,建立完善社区属地管理组织架构,构建分片区、分楼栋、分楼层组织分工体系与责任落实体系;其次,要加强不同部门之间的协同合作,推动学校各管理服务模块在社区落地,高校根据自身的实际,制定详细的建设方案、社区公约及配套文件,确保日常管理和运转有章可循、有规可依,确保师生意见反馈渠道畅通。另外,高校也可制定合理适度的激励和约束政策,结合学生德育评价实施办法优化学生评奖、评优体系,开展荣誉嘉奖和失信惩戒,建立健全学生在社区的全过程"成长档案",精细化、网格化、协同化管理,绘制学生个体"画像"。此外,高校应积极发挥基层党组织在学生社区建设中的核心作用,完善高校学生党建工作方法,可实行党建"网格化"管理模式,建成"党委—党支部—党小组—寝室"的工作链条,将学生社区党建引领落地落实,筑实党建引领"主渠道"。

2) 多方主体参与

学生作为场域人际网络的中心,他们既是思政工作的对象,也是社区建设的主体。高校需动员和组织多方面主体参与教育,构建校院领导、辅导员、班主任、思想政治理论课教师、服务人员、校友、社会力量等在内的育人队伍。同时,要探索学生会组织、社团组织向学生社区延伸,建立学生社区管理委员会、楼层管理委员会等组织,以学生组织的形式、通过朋辈力量提高学生的自我管理能力。鼓励高校大学生参与并承担志愿者活动、勤工俭学等活动。此外,教育体系中的社会力量是学校育人生态体系的重要延伸,校外导师、校外专家等都可以纳入进来,通过建立工作室以及结对共建等方式,将学校各方资源纳入育人体系中。从场域理论视角看,教育者与受教育者不是线性互动关系,而是彼此紧密勾连的人际互动网络。

3) 设计教育场景

高校充分依托社区现有设施和平台,使思想政治、通识、专业、文体教育深度融合,整合多个场域资源,以促进教育有效覆盖。在就业和职业生涯规划方面,建立生涯规划基地、创新创业基地等,充分利用社会力量和校友资源,建立起学生对未来的有效管理。在自我养成方面,鼓励学生自主设计、创新开展活动,自觉参加志愿活动,承担志愿服务和勤工助学岗位,积极参与宿舍文化建设和园区公共事务管理，将校史校情等教育资源纳入校园文化建设，引导学生积极践行社会主义核心价值观。

7.1.3 丰富教育手段建构教育场景

家庭、学校、社会现实场域与网络场域日益形成融合之势。网络场域作为按照特定逻辑建设的虚拟社会，不断进行自我调整，并在与外部场域进行交换的过程中发生着变化。当前国际国内形势更加复杂，高校大学生的诉求多元，互联网为学生提供了畅通、便捷、有效的表达渠道和平台的同时，也会放大摩擦和矛盾，调动学生情绪，甚至引发非理性的行动，反馈至网络场域就会迅速产生不同的声音并投射到现实生活，这给高校大学生网络思政教育带来了新的挑战。学校应当适应并把握网络场域惯习并加以引导，拓展教育手段，形成育人合力。

1) 拓展思政教育方式

新时代背景下思想政治教育教师要保持对社会的敏感度，加强对新媒体、新技术的学习，打破传统思想政治教育界限，改变单一的教育模式，创造生动、有效的思政教育工作形式，增加思政教育网站的特色和吸引力，拓展渠道、优势互补，牢牢把握高校思政教育主动权。高校应勇于创新善于借力，确保思想外化显成效。比如利用视觉听觉感官双重优势，融短小精悍、吸引眼球、关注度高的特点，以学生喜闻乐见的方式，引领高校大学生课后生活，运用短视频抓好诸如抖音、快手、哔哩哔哩等网络平台对高校大学生的价值引领工作，提升高校大学生政治站位和政治思维，增强高校大学生政治定力。

2) 做好网络舆论监管

高校要运用计算机技术，了解和熟悉法律手段，让新媒体为高校文化建设所用，加强对校园网的管理，净化网络不良用语和不良信息，严防各种有害信息在网上传播。通过建好学校网络宣传员、监管员、评论员队伍，强化校园网和师生自媒体多端管控。学校实时关注并掌握学生思想政治动态，合理构建平等对话、交流机制，组织学生针对热点问题、集中意见展开理性讨论，有针对性地帮助学生及时解决现实问题，以主流价值观对网络舆论进行积极有效的引导，使学生在利用网络的便捷同时，能认识到事物的本质与发展。

7.2 高校网络思想政治教育融入情感元素

列宁指出："没有人的感情，就从来没有，也不可能有人对真理的追求。"[①]思

---

① 中央编译局.列宁全集：第 20 卷[M].北京：人民出版社,1958:225.

想政治教育价值观内化的特殊性,决定了教育过程中要有政治家的高度、思想家的深度,更要通过教育家的温度促进学生对思想政治教育内容的接受与认可①。教师只有以情施教,让学生感受到教师不是在单纯讲"理",而是"理"中寓情、情中透"理",才能达到用情导生、以情促知的思想政治教育效果。思想政治教育的价值观育人目标,和高校大学生的情感紧密相连,互为促进。积极向上的情感状态以及良好的情感能力,本身就是思想政治教育的重要内涵和体现。通过情感的发挥,有助于探寻自我存在意义,以及建立对美好生活的期待,这样看思想政治教育追求的价值和美好的情感是相通的。

7.2.1　网络思想政治教育中情感认同的内在功能

1) 情感认同在价值内化过程中的价值判断功能

价值判断是价值内化的前提。思想政治教育价值内化必须经过情感认同转介,经价值选择后作出价值判断,从而成为行为方向的依据。情感认同是一种心理体验,它的产生一般融合了个体的认知、经历以及成长背景等。个体在遇到触及内心的案例、言语、环境或者人物时,其原有知识结构中的认知在反思、联系等心理效应作用下会放大并产生相互联系,让原有的理性认知转化为有温度、有热情的积极力量。在此基础上个体作出价值判断,并在行为上表现出遵从、信服和积极向外传播的倾向。与传统思想政治教育相比,网络思想政治教育的方式、手段在技术支持下更加多元化,有助于增强学生的"体验感",在促进"理、景、情"融合的同时,引导和加快价值判断的形成。

2) 情感认同在价值内化过程中的价值选择功能

情感认同在主客体互动过程中形成,是个关系型概念。网络活动过程中,情感认同是价值选择的参照系统和重要依据。当网络中的对象符合或者背离网络参与主体的需求时,引发喜爱、崇敬、追随等正面情绪,或厌恶、鄙视、抛弃等负面情绪。这些情感倾向决定价值选择倾向,也就成为价值内化的前提和基础。

3) 情感认同对价值内化的价值调节功能

受多重因素影响,目前一些高校大学生对于网络思想政治教育的态度比较消极,主要的两种表现为"表面认同"以及对主流意识形态的"本能逃避"。他们往往将网络思想政治教育理解为"洗脑",认为"无趣"或"过于正经",这种态度导致他们在思想上对思想政治教育相关内容进行屏蔽。在高校大学生网络参与过程中,应通过情感引导,并让参与内容契合其个人追求,逐渐消解他们对于思想政治教育的偏见、成见,让他们乐于接受网络思想政治教育的内容与形式,并积

---

① 许瑛乔.高职院校教师运用情感教育开展学生思想政治教育的研究[J].教育与职业,2021(10):91-95.

极主动参与,通过影响个体的喜好和行为选择引导其逐步建立社会主义核心价值观。

7.2.2 注重情感导入以及营造情感生发场景

1）贴近高校大学生心理需求,疏通网络思想政治教育过程中积极情感触发的"瘀点"

当需要得到满足时,引起人的情绪、情感的认同,离开人的利益需要,单纯讲道理谈人的情感是行不通的。道·乔纳森和简·斯戴兹在其合著的《情感社会学》一书中写道:"只要稍加思考,就会不言自明地发现,情感是把人们联系在一起的'黏合剂'。"情感作为一种由社会建构的心理活动,受潜在物质利益关系引导,如果被判断为具有潜在利益关系,则积极情感被唤醒,反之,则是消极情感被唤醒。马克思也说:"'思想'一旦离开利益,就一定会使自己出丑。""人们为之奋斗的一切,都同他们的利益有关。"高校大学生的利益诉求主要表现为对自己发展的引导、心中困惑的释疑、意见主张的尊重等。网络的隐匿性为高校大学生自主表达主张、阐发观点、情感表现提供载体,高校大学生的需求和利益争取更直白化,为了解和贴近高校大学生利益诉求提供了契机,网络思想政治教育需要通过即时互动、积极反馈等途径快速准确抓获高校大学生的情感历程,通过在平台上诸如积分、兑换、弹幕、打赏等,促使主动表达,以了解他们的真实想法与诉求。

2）转换叙事方式,把准主体情感认同的"触点"

"叙事不仅是人类文化的基本特征,还是人类存在的基本方式。"①尤其从高校大学生的接受特点和需求看,通过有效的叙事,以更加突出人的生命本质以及人类社会的根本意义。叙事通过对社会经验的反思为个体获得对世界和自我的认知提供了可能,由此现代教育需要更加注重学生个性的发掘和情感的变化,依托人文力量来实现鲜活个体的顺利成长与成才。其中教育表达语言作为一个桥梁,一面联系着外部世界,一面显现着内在观想。过分强调理性工具的倾向会忽视对鲜活个人的关怀、对主观思想的改变,因此教育表达语言的人文元素是渗透于理性逻辑框架内外的关键元素。以人的情感作为教育表达语言是教育的基本表达形式,也是最直接面向鲜活生命的教育方式。语言和教育的结合点就在于教育的对象是活生生的人,一定程度上看,个性语言的形成使人成为社会群体中的鲜明个体,人的情感渗透到语言之中,代表了人的思考过程和主观活动。在教育表达语言中也是如此。一方面,教育表达活动存在于语言环境之中,语言的边界会阻碍教育活动的开展,当教师无法用语言表达自身的经验和知识时,就难以

---

① 陈然兴. 叙事与意识形态[M].北京:人民出版社,2013.

提高教育的有效性;当教师能够用语言充分诠释解读某一概念时,就很容易被学生所认知。这种语言是充满温情的,是教育工作者对世界发展规律个体认知的外在表达,是对教育方式方法内容的重新建构解读。另一方面,教育表达语言的传播对象是有语言的个体,对语言的认知也往往来自成长的环境和经历因而带有鲜明的情感特点。语言要成功表达,就需要学习者能够听得进去、愿意学、主动听、积极看,这种主观能动性取决于他们的情感是否能够得到有效激发。因此必须以人的情感作为教育表达语言的血肉,避免冰冷枯燥的说教,从学生的内心世界出发,营造语言应用场景,引导学生进入不同语境,领会教育表达语言的魅力所在[①]。

3) 创设网络思想政治教育场景,促进思想政治教育与高校大学生情感认同生成"融点"

作为教育的重要组成部分,场景能营造多重情感体验环境,对促进教育的效果有着重要意义。通过创设网络思想政治教育体验环境,突破时空限制,延展学生感知,立足于学生实际需要来丰富网络教育素材,充分开发不同媒介载体的功能,通过文字、声音、视频、图像、气味等分别从视觉、听觉、触觉、嗅觉等多个渠道刺激受众感官系统,由此营造的虚拟情境可将不同的信息形态融入同一个故事或同一幕景观中立体呈现,让个体从中获得更鲜活生动的情感体验。让学生在设定的情境中,依循特定的情感去感受和实践,能潜移默化促进高校大学生实现认同目标。除此外,要注重"景"和"情"的有机嵌合,注重内容与场景设计的融合,还要根据高校大学生的喜好及作息特点,在把握空间维度和时间维度的基础上嵌入。

7.3　创新高校网络思想政治教育供给方式

获得感的形成并持久,需要着眼于需求,但源头在于供给。高校大学生思想可塑性以及高校大学生多方面、多样化、个性化、多层次的需求,亟需高校大学生思想政治教育从"需求侧"被动适应,转换为"供给侧"的主动创新。供给侧改革创新是高校大学生主体性向度凸显的要求,也是思想政治教育实效性提升的关键路径,其本质是在适应需求的基础上引领需求,分析和把握保持供需之间的内在张力,完善思想政治教育的产品供给和教育服务供给。然而当下的网络思想政治教育供给侧存在系统性的困境,主要表现为两个方面的梗阻:一是忽视了思想政治教育场景的变换(生活在图像视频和数字软件等现代技术形态之中);二

---

① 魏宏聚.论教育学概念的精确性及表达建议——以"教育实践"在日常语用中的问题为例[J].教育研究与实验,2012(4):72-76.

是忽视主体性凸显背景下的"体验"需求，导致网络思想政治教育供给难以有效激发学习者的理性自觉和认同。因此，如何进行供给侧改革创新，有效实施网络思想政治教育供给侧的场景和体验有效转化，激发高校大学生的主动和深度参与，是促进网络思想政治教育需要解决的重要理论和实践问题。高校大学生网络参与的目的大致可以分为"满足利益型""寻找情感慰藉型""确认共同身份型""自我实现型"等，依据高校大学生的心理感受机制、接受机制，判断高校大学生参与目的基础上，在思想政治教育平台进行有针对性的供给，满足高校大学生的参与需求。

在研究过程中，我们贯穿的思路是以"获得感"结构为分析的逻辑起点和落脚点，基于网络参与的特征，研究时注重由"外部标准"向"内生性标准"转变、由"教育者本位"向"教育对象本位"转变、由"客观内部绩效评价方法"向"主观学生效益评价方法"转变，依据此思路，评价标准的设立主要由高校大学生的参与能力、参与内容、参与方式、参与目标作为是否促进的维度和衡量标准。

对照思想政治教育自身特征以及价值目标，当下网络思想政治教育供给呈现几个不足：一是侧重功能性供给，忽视情感体验机制；二是侧重供给的单方面内容的完善，忽视内容要素之间的联结；三是供给方式侧重灌输，忽视教育对象"人"的现实体验。

7.3.1　网络思想政治教育供给改革创新

1) 思想政治教育理性和感性合力供给

思想政治教育认知供给有其积极意义，在既往教育中改变认知、塑造价值等方面发挥着不可替代的作用，但是伴随生活学习环境的变化，高校大学生对于学习的方式需求也在逐渐改变，单纯认知供给对高校大学生的接受要求更高，而且现代技术发展成果，如可视化、AI技术等尚未形成对思想政治教育的有力支撑，同时相对忽视高校大学生作为"人"的感性特征，他们对教育内容、教育方式的传播暗含着情感需求，以及对解决他们现实生活中诸多实际问题的需求，这同样需要教育者们能够进行有效情感供给，关注高校大学生接受过程中的心理和情感历程。理性和感性合力供给有助于凸显网络时代人的主体性，满足"人"的实际需求，促进情感培育和精神形成。当下伴随高校大学生主体性的逐渐萌发，情感成为稀缺性资源的背景下，教育过程中情感有效供给，触发高校大学生内心感性共鸣，有助于提升思想政治教育的模式创新。

2) 网络促生新的社会关系和情感连接

网络本身是虚拟的存在，但是时刻进行社会关系的关联以及情感的互动，也在不断建立新的场景关联。数字生活打破了信息流通藩篱，数字化让不确定性产生新的意义和温度,在符号背后蕴藏着被掩盖的意义寄托和意义需求。尽管在网络上"屏对屏"的互动是数字的体现,但是背后都体现了情感需求。当下网络使思想政治教育的内容越来越丰富,但是高校大学生却也面临着更多的理论困惑、思想和精神藩篱,尤其在网络空间中,高校大学生在网络上的评论、弹幕、同学之间的互动等,都体现了他们的价值追求和心理的真实状态,或褒扬,或批判,或漠视,或嘲讽,都在通过虚拟的网络传递着实时的心理感受和情感。相对于面对面的交流,网络无疑提供了更为广泛和无时空界限的平台,尤其当它成为高校大学生们最为主要的生活方式之后,教育者们需要能够有观测和判断网络表达背后需求的认识和能力,才能全面、深入地了解当代高校大学生的思想状况,也才能对他们的思想困惑进行深刻解答。

3) 高校思想政治教育理念变革和思维转变的内在需求,趋向当下网络思想政治教育发展变化特征

如前所述,高校大学生思想政治教育观念亟须变革,以适应当下变化了的时代要求和场景,以马克思主义为核心的思想政治教育是时代变迁的产物、实践经验的总结以及科学成果升华的表现,它也必然时刻跟随教育对象的变化而变化。思想政治教育的内容需要精准对应高校大学生的思想动态、价值观念和行为方式,主动回应高校大学生成长发展关切,积极解决学生内心精神诉求,实现思想政治教育内容供给与需求无缝对接,立足生活实际,对接高校大学生关注的高频热点,贴合学生思想实际,精心研究教材内容和教学方案,融合鲜活的时代话语、辅以学生喜闻乐见的话语方式,增强学生的认同感和获得感,进而提升理论的亲和力,进而实现思想政治教育理论高度和思想深度的有机统一。

7.3.2　网络思想政治教育供给改革创新困境

1) 场景转换滞后

当下供给侧未能实现充分现代化转换,原有满足学习者情感和体验需求的场景供给,已然无法完全契合当下学习者的需求。原有的平面或者静态场景供给,在特定环境和年代下能够促进教育对象的情感共鸣,但是明显不能完全匹配当代高校大学生的需求。传统思想政治教育所面临的场景相对简单、透明,人与人之间的互动在相对狭窄情境中,更多体现在熟络的关系中,信息的更迭速度慢,内容有限,场景网络的复杂性明显不高。但是伴随时代发展,高校大学生的思想、学习方式等都发生了巨大的变化,而现有的教育场景大多依旧停留在原有的模式,不能为新时代思想政治教育提供有力的支撑,体验式、沉浸式的场景匹配少,融媒体、大数据、VR、5G 支持的技术配套缺乏。如此的场景供给就不能适配高校大学生情感和体验的需求。与场景的适配是实现价值认同的重要保障,

但是体验过程的主观性和个性化使得在和具体场景适应的过程中容易产生偏差。

2）技术提升困境

生命体验场景的建构对意义和价值的追求，使得对融入人工智能、全息、交互、智能算法等技术提出要求，教育领域的技术支持亟须加强。技术发展给人类带来日新月异的变化，思想政治教育需要主动适应技术嵌入，审视技术对思想政治教育带来的诸多影响，并积极构建思想政治教育技术体系，以最大限度释放技术治理在思想政治教育的效能。当今技术治理驱动下的思想政治教育实施，目标是能够塑造思想政治教育技术治理场域的新秩序，在此基础上充分考虑到技术建构性、自主性等对思想政治教育基本特性的影响。

技术以前所未有的昂扬姿态进入社会中的各个领域，改变着人们的思想、学习、生活等。对于思想政治教育领域而言，主要有如下两个方面。

一是技术融入物理场域。思想政治教育的目的一定程度上和技术发展的目的是一致的，都是在于促进人的发展和进步。思想政治教育主体与技术要素共同参与，有目的、能动地塑造现实和治理技术，有利于思想政治教育宏观把握以及微观滴灌。一定规模化的教育技术应用注定是建立在特定的目标或意图上的，被用来实现预想的目标。当技术嵌入思想政治教育过程中时，一旦技术方案内涵的实践逻辑与思想政治教育治目标体系相吻合，就能有效嵌入后者，共同满足提升思想政治教育效能的需求。

二是技术优化虚拟场域。网络技术的支持，将思想政治教育诸多要素显像化。当代信息技术正在以一种强制性、创造性的力量介入社会生活秩序，技术逻辑以悄无声息的方式对社会各个领域产生影响。高等教育技术治理在传统治理模式的基础上，通过吸纳现代信息技术并进行合理的设计与控制，善用信息数据对技术进行结构化的调整，从而提供更加高效率、精细化、人性化的高等教育服务。场域与信息技术的融合为构建新的思想政治教育治理生态提供了可能。通过现代信息技术与科学管理方法相结合，可实现思想政治教育在网络空间的最大化覆盖、多元主体参与治理流程的全优化、各项资源的全集成，形成无缝隙、不间断、精准化的技术治理空间。当技术与网络思想政治教育融合之后，构建成一个"虚拟镜像"，减少主体间的信息不对称，优化高等教育技术治理主体的多元互动。

然而相较于市场领域，思想政治教育对于技术的认识以及技术的把握和应用，滞后于市场领域，主要表现在以下方面。

第一，观念束缚。旧有的教育观念认为教育过程更多是传授过程，尤其表现为口头表达的过程，技术在教育过程中被认为是非必要要素，或者认为对教育效果不产生多大影响,因而存在沿袭传统教育方法的惯性,尤其由于思想政治教育本身作为价值塑造的学科属性,认为多是发于内心的思想演绎和心理状态的调适,技术的融合价值不高,也就缺乏技术嵌入的敏锐性和积极性,技术引入的能力与动力缺乏,融合的机制探索也不多。

第二,资金约束。技术的发展以及对教育的技术支持约束除在观念上的误区需要破解之外,也需要资金的支持。当下的技术发展,除了研发、专利等费用之外,还需要培训、维护等支出,这些在传统教育观念中都属于额外的支出,尽管近些年来政府在教育的投入逐渐增加,但是投入的方向并不完全在于促进教育的前沿发展,使得在面临技术改造和升级时捉襟见肘。

第三,技术素养缺乏。思想政治教育领域传统的观念以及资金的束缚,使得一部分人技术素养和运用能力难以跟上学科发展以及高校大学生的需求。技术素养主要包括两个方面:一是教育技术的熟练掌握;二是谨防技术的过度使用。思想政治教育技术除了前面所论述的观念限制之外,教师的学科、研究范式等也会阻碍教育技术的使用和学习,因而高校应该组织安排教育技术的培训以及促进教师主动掌握技术的制度安排等。技术的过度使用则指,尽管技术不断渗透社会各个方面,但是有一点要明确思想政治教育技术不是人对技术的被动适应,而是技术发展服务于人的需要,不能由于过度强调技术导致走向唯技术倾向,却僭越价值引领。思想政治教育技术领域转型的目的,主要是通过数字化技术的内嵌运用,揭示高校大学生思想动态及其发展规律。但是教师在教育过程中要避免数字化技术的泛化运用,甚至片面地将思想政治教育现代化转换障碍视为数字化转型的障碍,割裂了技术与价值之间的内在关系,简化人的复杂性而走向了另一个极端过度数字化。

7.3.3　网络思想政治教育供给创新实践

1) 场域创新

网络思想政治教育场域实质是现实的人及其实践所构建的关系构型,体现于心理、情感等要素上,为体验和情感的生成提供"共同体"环境,也为个体情感的回应奠定了基础,情感的生成源于特定场景和情境,并建构起意义关联同时贯彻在网络体验中。场景的设计,融入价值观,有助于将网络时代碎片化的信息进行统合,上升至意义层面,规避网络信息下割裂信息的教育意义的丧失。

2) 网络供给内容创新

当下网络思想政治教育尽管丰富,种类繁多,载体多元,但是总体呈现有供给、无规律的碎片化状态,一定程度复制了现实思想政治教育的状态,网络大数据的现代技术赋能不足,尚未充分体现网络优势。供给内容的创新机制首先需要精准供给。不能一概论之，也不能片面迎合，而是在确定高校大学生的心理感受与接受规律基础上，探寻供给的时空分布规律，进行有效结合和融入。

3）供给形式创新

首先要关注时空上的融入规律，这需要结合高校大学生的作息规律和偏好选择，空间上，需要研究高校大学生热衷关注的网站及其内容特点，探索思想政治教育内容和形式以及适当的语言和表达有机嵌入，比如可以尝试通过先进模范人物的事例，或者先进人物代表直播的方式，进行热点事件的解读、体会的分享，价值的引导等；时间上，在把握高校大学生网络参与特点以及日常生活规律的基础上，结合高校大学生每天生活不同时间段的不同喜好倾向，或者个性化的需求，采用主动＋被动的选择分发机制，采用"算法＋推荐"模式，优化技术手段，进行人与内容的精准匹配，旨在提供符合高校大学生个性化、定制化的内容需求，使得思想政治教育效果具有针对性、有效性及延续性。二是网络思想政治教育供给方式创新。这里注重"视听观感"，关照读屏时代的需求，尽可能使用文字、图片及视频融为一体，将纯粹理论、严肃、深奥的思想内容，以活泼、精短、贴近学生易理解和接受的方式和内容，找准契合点，摸准敏感点、促进兴奋点，结合当下时事热点，采用学生易于接受的话语体系，深挖内容主题，优选内容题材、优化内容结构、活化内容形式。网络教育供给必要性源于网络参与主体的经验性和所教育内容抽象性之间的张力。高校大学生网络参与的目的大致可以分为"满足利益型""寻找情感慰藉型""确认共同身份型""自我实现型"等，依据高校大学生的心理感受机制、接受机制，判断高校大学生参与目的基础上，在思想政治教育平台进行有针对性的供给，满足高校大学生的参与需求。网络思想政治教育内容要契合高校大学生关注的焦点、痛点，供给转向生活化、问题化和应用化。鉴于获得感具有多变、闪现、敏感的特点，思想政治教育内容供给既要能刚性价值引导，也要柔化情感呵护。思想政治教育内容要贴合高校大学生日常生活实际，在关切学生利益、满足情感需求、获得身份认同基础上，能够最终促进"自我实现"。

4）优化体验供给

体验的存在有其一定的形态，它强化了场景的社会关系形态，主体全身心地进入场景之中，通过情感效应以全新的意义与主体构成新的关系，增强了情感层面感受与领悟，它与意义密切相关，但是它亟需教育技术的支持。与商业领域相比，思想政治教育领域的先进技术驾驭意识相对滞后，思想政治教育作为意识形态价值观引导的教育，在传统教育方法式微的背景下，尤其需要搭上技术快车，积极探索与现代化教育技术的融合方式与途径，使得思想政治教育的内容与形式体现时代感。一是公共机构需要构建有效网络参与的互动平台，变"管理"平台为"参与"平台。顶层设计网络思想政治教育的推进进程,网络参与作为扁平化的社会参与形式,自上而下的方式显然不适合,更不能是空对空的姿态,在观念意识上需秉持相对开放的观念,能够吸引高校大学生共同参与和关注,并使这样的平台成为高校大学生情感归属以及愿望表达和释疑解惑的重要渠道,能从高校大学生关注的具体利益层面入手,逐渐引申出有助于高校大学生确立主流价值观的普遍观点。因而思想政治教育要求能够积极吸纳现代技术成果,积极探索思想政治教育所用途径,尤其是技术创新的过程要能够结合思想政治教育实际特征,真正形成一个积极交互的、增强高校大学生网络参与平台的"黏性"。可以探索加强与高校大学生日常使用频次较高的交互平台如微信、QQ 等的相融,最大限度地挖掘网络资源与网络技术的教育属性;二是提升高校大学生网络参与能力以及网络素养的培养,变"网络参与"为"网络有效参与",尽量规避网络参与的非均衡发展和参与的非理性,对网络参与施以正向的引导,增强高校大学生网络参与的选择和判断能力。

7.4　创设高校网络思想政治教育新场景

著名教育学家、未来学家戴维·索恩伯格(David Thornburg)指出,传统场景无法满足学生需求,而学习场景对于学习效果的显现有着重要的意义。高校等学习机构不应该只注重传授知识,而是要创造条件创设各类学习场景,作为学习活动过程中的要素之一,此中蕴涵和嵌入了有效互动、情感触发、方式匹配等要求,是现代教育过程中愈加凸显的要件,尤其是场景中的情感诱发功能备受重视,现实中人的道德和情感都在不同程度的伦理和道德界限内,人的情感并非平白无故产生,人的憎恶、恐惧、悲伤、喜悦等都只在具体情境之中产生。场景是"场"和"景"的复合产物,指在特定时间、空间内发生的行动,以及基于行为与心理的环境氛围。更是需要有机嵌入增强学习过程中的有效互动,帮助终身学习者释放自己的潜力。

7.4.1　网络场景特征

场景化的概念目前在社会学、传播学、城市建设、商业等领域也有很广泛的应用。有学者从内容、方式和作用等角度分析,认为场景化具有主题性、层次性和实用性三项特征;也有研究者基于技术的角度进行了场景的特征分析等等。场景作为教育意义而言具有体验性、沉浸性和引导性三个基本特征。

1)体验性

体验性是场景化最基本的特征,是对自己在一定场域和场景中直接、具体的情感反应。一定程度而言,体验的感受程度是场景生动程度的反映,通过场景的立体呈现,场景中的人感受到"生动"形象,置身于"鲜活"画面场景中,通过生动的"故事"叙述,在内心产生感染和共鸣,对于体验性场景中的认知传授和道理会更容易理解和接受。相对于传统多媒体教学,情境教学有助于认知优化,并且能收到更好的实践效果,体验性也反映了场景的黏性程度,体验场景会调动人对事物的兴趣和投入,能够吸引具有相似价值观的人群聚集。

2）沉浸性

沉浸性体现了参与者身处场景的深入程度,参与者由于对场景的深度融入,往往会产生情感的升华以及身心的深度投入,通过人或物的设立,运用影视语言,或者视听效果来打造情感沉浸投入的场景,促进教育对象更多的情感投入,尤其是基于 5G 时代的 VR 场景,通过交互提高感官体验,强调的是感知交互和场景的融合,由此促进了参与者在虚拟环境中的深度参与和情感"融入"。

3）引导性

引导性强调场景为参与者提供价值和行为取向。场景通过自身蕴含的意境让参与者感知,从而对参与者的思维和行为方式发挥引导作用,日常生活中人们常常会受电影场景、营销场景甚至虚拟场景等的感染,在此基础上通过感染强化,从而进一步反思并产生某种行为,引导是体验和沉浸的更高境界,场景化的引导性提升了场景的境界和包容,场景能"使人达到一种'人景合一'的境界,从而产生价值交流的获得感,触发人们对相关事物的联想或记忆,进而启发人们更好地理解和学习人际交往等"①。

7.4.2 促进网络场景设计能力提升

鉴于新时代背景的场景下,作为思想政治教育主体,思想政治理论课教师、辅导员、宣传人员等在充分掌握教育规律和学生特点的基础上,尽可能提升场景的设计能力,促使场景与教育对象的匹配与特点的顺应,研究思想政治教育中如何以场景为中心,在碎片化逐渐成为一代人的生活方式之时,不断挖掘新的场景应用,以全新的网络交互技术,打造体验优先真实场景的在线教育。当下的思想政治教育,更多的是通过网络场景还原,打造接近于线下场景的功能体验,相对忽视网络交互过程中人的情绪情感,然而通过技术整合和场景算法,网络的全新体验将带来高于现实场景的教育体验。

建立在以上对场景特征把握的基础上,思想政治教育的场景设计能力可以从以下几个方面进行加强:

---

① 宋亦芳.场景化设计:社区数字化学习路径重构[J].职教论坛,2022,38(03):73-82.

(1)场景技术应用。网络场景的打造,既是教育的设计,同时也是技术的应用与体现。场景是声音、视频、环境等与教育内容进行有机嵌合的过程,其是否能发挥优势很大程度上取决于教师的应用能力和水平。在贴合学生的关注点和需求点基础上,结合时代、主体以及教育目标,以叠加、复制、链接的方法制造新场景,将需求、情感、角色等赋予到场景中去,给主体新颖的价值体验,也促进教育对象知识延伸和有效迁移,同时也包括借助场景设计有价值的互动,让场景参与者充分感受其主体性的展现和释放。

(2)关联生活。建立思想政治教育和场景之间的迁移和嵌入。将生活中典型化、普遍化、仪式化的原生场景进行复制和处理,运用到特定的知识点和原理中去,将思想政治教育融入戏剧化、高浓缩的生活场景,促进教育对象对日常进行反思,通过历史化场景,引发教育对象对人生价值和意义的思考,通过典型人物再现,教育对象近距离触摸和感受到他们的内心,进而和自己关联从而产生教育影响,再如通过典型历史事件的再现让教育对象触摸到事件的机理,感受历史发展的规律性和偶然性进而确立自身的定位,以及在社会发展中的作用。总之通过多种场景设计,覆盖到教育对象的日常学习、生活中去,将生活日常意义予以凸显和拔高。

(3)触动情感。场景作为教育要素之一,其功能之一在于引发教育者和教育对象的深切感受和情感体验。场景中的情节、声音、线索等有助于深入内心触摸到蛰伏的情感,拨动深处的心弦。作为教育者设计场景时,要能够贴合教育对象的关注点和痛点,敏锐把握他们的心理动向,场景运用过程中观察情感发展和走向,尽力把握教育对象的内在心理,记录外在表现,以便于后续的场景优化。

7.4.3　增强主体情感感受能力

情感尽管作为一种主观内在感受,但是利用教育者经验以及相关技术可以予以观察和分析。高校大学生的情感丰富,但是由于成长背景以及剧烈变化的社会形势,传统与现代的交织,网络与现实的切换,高校大学生的情感在日常生活中表现得比较内隐,同时在网络上的行为表现相对活跃,往往表现出较为真实的情绪情感,所以作为思政教育工作者,要有高校大学生网络情感分析的能力。情感分析主要是面向网络上高校大学生的文本数据、评论、弹幕等内容进行处理分析,包括意见挖掘、倾向性分析等,对高校大学生在网络上发表的带有情感色彩的主观性文本进行分析、处理、归纳和推理的过程。高校大学生在微博、论坛、知乎、豆瓣等发布信息,不少带有情感色彩和情感倾向性的诸如热爱、轻蔑、排斥、恼怒等情绪,思想政治教育工作者可以结合他们的批评或批判、肯定或赞扬的态度进行分析,以大量含有情感倾向的文本数据为支撑,通过各种深度神经网络结构，充分利用文本的上下文关联信息，学习含有不同种情感的文本所具有的特点进而了解高校大学生的情感特点倾向，实现线下教育不具备的教育优势。

7.4.4 场景素养的培育与提升

场景化传播背景下，场景元素的选择、设计、连接、体验、升华的多维联动，需要教师对学生的有效引导和培育。高校思想政治教育者要逐渐增强场景技术知识，尤其要提升场景应用能力，一是加强对网络需求的把握，不仅把握高校大学生需求的差异性和层次性，因为不同的高校大学生家庭背景、生活阅历、教育经历不同，需求也呈现多元化，同时要把握高校大学生需求的复杂性，积极引导高校大学生的消极需求向积极需求转化。二是立足高校大学生的关注点和兴趣点，强化思政课教学场景连接的深度和黏性。场景连接的深度来源于对高校大学生兴趣的全面把握。三是捕捉高校大学生的共情点，提升思政课教学场景互动体验。通过精心设计优质的场景内容，激发高校大学生的情感体验和分享欲望。四是挖掘高校大学生的兴奋点，通过挖掘探索，敏锐把握兴趣点，通常高校大学生会对让自己产生兴奋感的信息有着较强的认同，这是引导其实现价值认同的最佳时机。

与此同时，也要教育引导高校大学生提升场景素养。高校大学生对思想政治教育中场景信息的感知、体验、理解并认同是重要的素养，也是场景设计产生有效性的前提。高校大学生不仅需要"入场""上场"，还要在"场中思""场中做"。这就要求高校大学生要事先了解场景化特点，理解场景中各元素的价值意蕴，具备把场景体验中符号存在和符号表意结合的能力，把外界表象和内在价值领悟结合起来，把具身情感体验和抽象价值意义体现结合起来。此外高校大学生的场景价值迁移能力也要加强培养，由于数字技术的支持，人们的社交需求日益增多并呈现分化趋势，在不同的场景下有不同的心理预期和情感归属需求，高校大学生要能够排除场景信息的干扰，避免迷失在散乱的场景化信息中[①]。

为规避网络参与的非均衡发展和参与的非理性，对网络参与施以正向的引导，增强高校大学生网络参与的选择和互构路径，探讨两者互动情境下的提升路径，主要考虑如下几个问题：一是如何构建有效网络参与的互动平台，变"管理"平台为"参与"平台。传统网络思想政治教育主要是防患思路，重在防范学生错位的价值观和意识形态，教育者主要是监管者的角色。而在提升有效性视角下，则要转变思维，让网络成为思想政治教育的"参与"平台。师生网络交互平台的构建和优化非常关键，主要思考如何增强高校大学生网络参与思想政治教育的

[①] 黄冬霞.场景化传播背景下高校思想政治理论课建设面临的挑战与对策[J].思想教育研究,2022(01):115-120.

"黏性",吸引高校大学生的注意力并立足于解决高校大学生的思想困惑。从技术上看,加强互动平台与高校大学生日常使用频次较高的交互平台如微信、QQ等的相融,最大限度地挖掘网络资源与网络技术的教育属性。这些都是值得探索并迫切需要解决的问题。网络技术保障机制旨在消弭"数字鸿沟",加强网络参与思想政治教育获得感的技术保障,提升网络参与的能力。二是有效网络参与的引导。整合资源,协同教育,促进无效网络参与向有效参与转变,真正架起师生交流的桥梁。健全和完善法律法规体系,实施网络监督,规范网络行为,为规避网络参与的非均衡发展和参与的非理性,对网络参与施以正向的引导,增强高校大学生网络参与的选择和判断能力。

7.5　改革高校网络思想政治教育评价方式

思想政治教育获得感的提升迫切需要其评价方式做出改变。受思想政治教育价值目标和主观心理所限,其评价很难形成统一标准,当下评价体系、指标样态繁多,研究成果较为丰富,但目前最多见的还是对思想政治教育课程、思想政治教育的外部显现等内容进行评价,高校大学生内心的情感感受等主观内容基本没有涉及,教师的主观感受、师生互促、职业归属等领域也鲜有谈及。网络思想政治教育获得感的生成,评价方面需要进行创新,教育者和教育对象的获得感评价都亟需探讨,既需要着眼于网络场域,又要立足于教育者和教育对象的主观感受,由此形成围绕思想政治教育获得感的评价体系,真正形成以"学习效果"为逻辑起点的评价参照。

7.5.1　"外部标准"向"内部标准"转变

当前的评价标准更多是以经济与显性量化为主的外部评价方法,较少关注"教育对象"的实际获得及主观体验,同时关注线下思想政治教育评价较多,而线上思想政治教育评价则研究不多。从供给而言,要求教育者要坚持以学生为本,切实关照高校大学生的实际需求、关注高校大学生在网络特定场域中的独特表现和主观体验,关切高校大学生从网络中实际获得的心理体验,从思想政治教育中收获到实实在在的精神利益。具体而言,设立评价标准时需要结合网络的特点、网络学习特点以及高校大学生网络参与特点,细分网络参与过程中的体验和感受,深入研究在具体案例中的心理过程,并不断将高校大学生网络参与过程中的情绪、情感以及心理进行归纳和规律性提炼,为生成内生标准提供基础和参照。

7.5.2 "教育者"与"教育对象"同本位评价

如前所述，获得感的形成过程也是教育对象主体化建构的过程，教育过程中主体的转向，也意味着评价时的主体需要在关注教育者获得感的同时，更需着眼于教育对象的实在感受。评价时不仅从教育要素完善等外在标准，更关键的是着眼于教育对象获得了什么，是否在教育过程中产生激烈的正向的情绪反应？是否产生愉悦体验？是否产生精神收益？是否激励了有效参与？是否有效引导了高校大学生的网络行为？是否引领了价值观念？在标准设定时紧扣网络参与时的多项行为和各个环节，进行细化分解，真正实现"围绕教育对象本位"进行评价。

思想政治教育考察不仅要关注教育对象，还有教育者，以及两者之间的互动互促状况都是需要进行获得感评价的内容。教育者的评价不能仅以单纯量化方式考核他们的年底显性业绩，还需要考察教育投入度、情感输入度、与学生的互促度等主观长效维度。考核教育对象的获得感，不能仅以量化方式考察知识内容，还需要拓展和探索多元化多维度考核方式，注重显性隐性、主观客观、过程结果融合的方式。除此外，在评价实施过程中不能忽视对教育者和教育对象之间的作用状况列入评价之列，并且通过评价指标的设定有效引导两者之间的促进。主要是形成如下的互动方向：一是要推进基于教育者和教育对象价值共识的行动性互动，即设定两者共同维护和努力的方向，以及明确各自应做、为何要做和如何去做，有助于在教育过程中达成共识，促进彼此心理共通。二是要推进便于思想交流的实时性。不仅注重思政课堂的两主体互动，在日常生活中也可以通过引入现实典型案例、设计现实场景以及沙龙研讨等正式和非正式方式进行探讨，以及时消解学生内心的疑惑，建立正向积极的认知，以促进教师与学生实时性互动。三是要推进两者需求对接互动。教师需对学生设置明确、开放且融合日常的精准要求，同样学生在学习过程中也能够结合自身的实际情况实时反馈学习需求，通过恰当的平台双方在互动过程中增进教育效果，情感交流以及价值认同不断增强。

7.5.3 "客观绩效评价"向"主观效果评价"转变

尽管完全客观的绩效评价方法实施起来简单便捷，但是思想政治教育的价值渗透和引领的目标决定了其教育效果是个润物细无声和相对复杂的过程，思想政治教育直接目标还是塑造人的主观世界，提高人的思想素质，内心精神是通向外在世界和行为实施的中介和驱动力量，内在价值秉持是思想政治教育的终极目标，所以思想政治教育的评价不能仅用量化方式衡量知识的获得程度，更应该探索主观感受获得的评价思路和方法。从学生主观效益评价着手,顺应价值判断的性质和过程,从"情感、心理、行为"几个维度展开,将情感态度与价值观作为评价的核心内容。与此同时要想全面实施合理有效的评价,教师的情感投入、热情度以及与学生的互动方式和程度等也需要纳入考核体系之中。当下网络参与环境和场景中,学生的个性更加彰显,教师面对的环境更加复杂,教学效果的影响因素更加多元,单一的客观评价方式更加不能适应教育目标的要求,它忽视了学生的想象力、感知力和思辨力,忽略了教师的隐形投入,新的评价方式方法需要重视"人"的客观存在,避免使教育评价为了评价而评价陷入"无人"的境地,更强调对人生履历、生命体验、情感投入等方面隐性的评价,更显现对"人性"的郑重关切。

7.5.4　以过程评价为重点的场景学习反馈

场景体验是思想政治教育学习评价的重要方式,尽管反馈的方式更加内隐,但是相对于单一的分数评价等外化方式,过程评价更能真切把握学生的收获程度。高校大学生在场景过程中的表现,是动、静因素融合,常态因素和非常态因素结合的复杂过程。在这个过程中,综合了高校大学生显性的知识、技能等,同时也包括隐性的情感、态度、价值观等,通过网络技术的观测,以及思想政治教育者的密切关注,可以感受到高校大学生的情绪体验是积极的还是消极的、是否存在进一步的情感需求、"进场"和"在场"是否实现了统一,价值判断和价值选择是否一致等。总而言之,要立足生成性思维,通过智能技术量化评估和场景学习反馈及时调整教学方案和教学场景,激发高校大学生场景学习热情。

参考文献

[1] 陈秉公.思想政治教育学原理[M].沈阳:辽宁人民出版社,2001:412.

[2] 陈涛.图像时代高校思想政治理论课建设的路径选择[J].思想教育研究,2017(3).

[3] 陈万柏,张耀灿.思想政治教育学原理[M].北京:高等教育出版社,2015:54.

[4] 陈万柏.思想政治教育学原理[M].北京:中国人民大学出版社,2013:126.

[5] 陈宗章,黄英燕.网络思想政治教育主体及其协同关系探析[J].河海大学学报(哲学社会科学版),2017(4):24-28+90.

[6] 成素梅.智能革命与个人的全面发展[J].马克思主义与现实,2020(4).

[7] 程罡,徐瑾,余胜泉.学习资源标准的新发展与学习资源的发展趋势[J].远程教育杂志,2009(04):6-12.

[8] 程仕波,熊建生.论思想政治教育获得感[J].思想教育研究,2017(7):22-26.

[9] 程玉莲.高校大学生网络思想政治教育获得感提升的关键路径[J].党政论坛,2021(1):50-51.

[10] 程玉莲.情致理达:高校网络思想政治教育的价值内化路径[J].东华大学学报,2021(4):91-93.

[11] 崔小波.论高校大学生思想政治理论课获得感的逻辑前提[J].中学政治教学参考,2021(04):62-64.

[12] 戴茂堂.人性的结构与伦理学的诞生[J].哲学研究,2004(3).

[13] 戴维·索恩伯格.学习场景的革命[M].徐烨华,译.杭州:浙江教育出版社,2020:16.

[14] 德朗蒂.当代欧洲社会理论指南[M].李康,译.上海:上海人民出版社,2009.

[15] 邓晓芒.思辨的张力:黑格尔辩证法新探[M].北京:商务印书馆,2016:338.

[16] 翟雪松,楚肖燕,王敏娟,等.教育元宇宙:新一代互联网教育形态的创新与挑战[J].开放教育研究,2022(1):34-42.

[17] 丁若浩.嵌入·分化·融合:网络直播的思想政治教育价值功能探究[J].理论导刊,2021(5):123.

[18] 范韶维.高校思想政治教育质量提升的困境破解[J].江苏高教,2018(07):87-90.

[19] 范寿康.教育哲学大纲[M].北京:商务印书馆,1923:7.

[20] 郭凯.文化资本与教育场域——布迪厄教育思想述评[J].当代教育科学,2005(16):33-37.

[21] 贺斌.教师怎样与新课程同行——谈教师的角色转变及学会新的专业技能[J].教育理论

与实践,2002(05):30-35.

[22] 胡菊华,梁思韵.高校大学生思想政治教育获得感生成机理的多维探析[J].黑龙江高教研究,2020(8):135-140.

[23] 胡卫星,黄政文.内涵、内容与模式:数字时代的场景化教育探析[J].辽宁师范大学学报(社会科学版),2021,44(5):102-107.

[24] 华子荀,付道明.学习元宇宙之内涵、机理、架构与应用研究——兼及虚拟化身的学习促进效果[J].远程教育杂志,2022(1):26-36.

[25] 黄冬霞.场景化传播背景下高校思想政治理论课建设面临的挑战与对策[J].思想教育研究,2022(1):115-120.

[26] 黄晓生,曹义亲.多模态学习理论在"计算机图形学"实验教学中的应用[J].实验技术与管理,2012(04):162-165.

[27] 劳伦斯·格罗斯伯格.改变情感结构,有可能改变世界[N].社会科学报,2015-09-03.

[28] 老子.老子[M].汤漳平,王朝华,译注.北京:中华书局,2014:251.

[29] 李家莲.道德的情感之源:弗兰西斯·哈奇森道德情感思想研究[M].杭州:浙江大学出版社,2012.330.

[30] 李圣华.教育评价的哲学反思[J].现代教育科学,2007(10):13-14.

[31] 梁好.学校应该怎样营造"教育场景"[J].山东教育,2016(13):63-64.

[32] 梁旭艳.空间视角下的场景传播研究——以社会化媒体为切入点[M].北京:中国社会科学出版社,2019.

[33] 列宁.列宁全集(第三十五卷)[M].北京:人民出版社,1985:422.

[34] 刘德建,刘晓琳,张琰,陆奥帆,黄荣怀.虚拟现实技术教育应用的潜力、进展与挑战[J].开放教育研究,2016(04):25-31.

[35] 刘革平,等.教育元宇宙:特征、机理及应用场景[J].开放教育研究,2022(1):24-33.

[36] 刘磊,等.实践能力:含义、结构及培养对策[J].教育科学,2005(02):1-5.

[37] 刘生全.论教育场域[J].北京大学教育评论,2006(01):78-91.

[38] 柳瑞雪,任友群.沉浸式虚拟环境中的心流体验与移情效果研究[J].电化教育研究,2019(4).

[39] 骆郁廷.强化高校大学生思想政治教育的实践环节[J].思想理论教育,2005(1):12.

[40] 骆郁廷.思想政治教育原理与方法[M].北京:高等教育出版社,2010:18.

[41] 马克思,恩格斯.马克思恩格斯文集(第十卷)[M].北京:人民出版社,2009:691.

[42] 马克思,恩格斯.马克思恩格斯文集(第一卷)[M].北京:人民出版社,2009:191.

[43] 马克思,恩格斯.马克思恩格斯选集(第四卷)[M].中共中央马克思恩格斯列宁斯大林著作编译局,编译.北京:人民出版社,1995:744.

[44] 马斯洛.人性能达到的境界[M].林方,译.昆明:云南人民出版社,1987:169.

[45] 倪培民.思想政治教育主体和客体及其辩证关系研究[J].思想教育研究,2019(11):25.

[46] 沈壮海."大思政课"我们要善用之:思考与探索[J].思想教育研究,2021(3).

[47] 孙其昂.思想政治教育现代性的三个维度[J].湖北社会科学,2016(10):180-184.

[48] 王凤仙,李亮.智能时代思想政治教育的视频化转向探析[J].思想教育研究,2021(7).

[49] 王国维.论教育之宗旨[J].教育世纪,1903(56).

[50] 王海燕.网络与学习共同体的构建[J].远程教育杂志,2005(03):28-30.

[51] 王嘉,张维佳.论沉浸传播时代下的思想政治教育[J].教学与研究,2020(1).

[52] 王立仁.思想政治教育内容的实效维度[J].思想政治教育研究,2011(6):39.

[53] 王平.价值观育人的情感教育阐论[J].教育研究,2020(10):34-39.

[54] 王易,茹奕蓓.论思想政治教育获得感及其提升[J].思想理论教育导刊,2019(03):107-112.

[55] 王寅申,朱忆天.沉浸传播时代思想政治教育的发展变革与价值澄明[J].思想理论教育,2021(4).

[56] 王永固,许家奇,丁继红.教育4.0全球框架:未来学校教育与模式转变——世界经济论坛《未来学校:为第四次工业革命定义新的教育模式》之报告解读[J].远程教育杂志,2020(3):3-14.

[57] 威廉·弗兰克纳.善的求索——道德哲学导论[M].沈阳:辽宁人民出版社,1987.247.

[58] 邬志辉.教师教育理念的现代化及其转化中介[J].东北师范大学学报,2000(03):80-86.

[59] 熊建生.论思想政治教育内容建构的意义[J].学校党建与思想教育,2009(3):7.

[60] 熊建生.思想政治教育内容结构论[M].北京:中国社会科学出版社,2012:5.

[61] 杨增崒.思想政治教育生态分析引论[M].北京:中国社会科学出版社,2015:202-203.

[62] 喻国明,曲慧.简论网络新媒体的场景范式[J].教育传媒研究,2021(4):10-12.

[63] 袁凡,等.场景赋能:场景化设计及其教育应用展望——兼论元宇宙时代全场景学习的实现机制[J].远程教育杂志,2022(1):15-25.

[64] 袁磊,等.5G时代的教育场景要素变革与应对之策[J].远程教育杂志,2019(3):27-30.

[65] 曾海,廖瑞云.元宇宙理念下的沉浸式第三代在线教育模型研究[J].中国电化教育,2022(1):38-45.

[66] 张桂芳."高校大学生网络生活方式现状调查与对策研究"调研报告[R].上海市教育科学研究项目,2018.

[67] 张品."获得感"的理论内涵及当代价值[J].河南理工大学学报(社会科学版),2016,17(4):402-407.

[68] 张学亮.论高校大学生思想政治理论课获得感的逻辑生成[J].学科与课程建设,2017(7):65-69.

[69] 张业振.论思想政治教育获得感的内涵、逻辑及其实现[J].思想政治教育研究,2018(06):67-71.

[70] 张再兴,等.网络思想政治教育研究[M].北京:经济科学出版社,2009:109-110.

[71] 张志祯.虚拟现实教育应用:追求身心一体的教育——从北京师范大学"智慧学习与VR教育应用学术周"说起[J].中国远程教育,2016(06):5-15.

[72] 郑永廷.思想政治教育基础理论研究进展与综述[J].思想教育研究,2014(4).

[73] 郑永廷.思想政治教育学原理[M].北京:高等教育出版社,2016:74-75.

[74] 钟志贤.知识建构、学习共同体与互动概念的理解[J].电化教育研究,2005(11):20-24+29.

［75］朱宏强.高校大学生思想政治教育获得感提升研究［J］.思想政治教育研究,2021(1): 114－119.

［76］朱小蔓.情感教育论纲［M］.北京:人民出版社,2007.

［77］(英)维克托·迈尔,肯尼思·库克耶.大数据时代:生活、工作与思维的大变革［M］.盛杨 燕,周涛,译.杭州:浙江人民出版社,2013:125－126.

［78］［德］卡尔·雅斯贝尔斯.什么是教育［M］.邹进,译.北京:生活·读书·新知三联书店, 1991:2.

［79］［美］卡斯特.网络社会的崛起［M］.夏铸九,译.北京:社会科学文献出版社,2001:569.

［80］［美］亚伯拉罕·马斯洛.动机与人格［M］.第三版.许金声,等译.北京:中国人民大学出 版社,2007:52.

［81］ALHALABI WS.Virtual reality systems enhance students' achievements in engineering education［J］.Behaviour&information technology,2016,35(11):919－925.

［82］XIONG KIRSCHNER,P.旨在获得学习能力和专业能力的学习环境设计［J］.盛群力,沈 敏,译.远程教育杂志,2004(04):17－23.

索引

后记

本书是在教育部人文社科基金项目"网络参与视野下高校大学生思想政治教育获得感研究"(项目编号:19JDSZ3005)结题报告基础上修改撰写而成。本书获得了上海工程技术大学2023年度学术著作出版资助。

近几年来学术界关于思想政治教育获得感的研究不断增加和深入,元宇宙等新概念的出现,给网络思想政治教育提出新的研究方向和挑战。网络思想政治教育获得感的研究绝不会是昙花一现,围绕"立德树人"的根本任务,思想政治教育的理念、内容和形式都需要顺应时势变化和网络"原住民"的新特点,充分发挥网络优势,扬长避短,实现线下思想政治教育无法实现的功能。新的时代已经来临,思想政治教育完全可以乘势而上,焕发新的活力,将核心价值观深植于高校大学生内心,真正成为国家可靠的接班人。

思想政治教育获得感的研究,既是理论演绎的过程,也是范式创新的过程。作为价值渗透和意识洗礼,思想政治教育亟须深入研究对象内心,了解高校大学生的主观感受,尤其是当下快速发展的科学技术,已经为此研究提供了渠道和平台,思想政治教育肯定不是时代发展的旁观者,而是积极参与者。只有这样,思想政治教育才能在波澜壮阔的时代大潮中焕发勃勃生机,保持永久的生命力,同时也能让思想政治教育工作者有底气、有信心,让教育对象感受到生命的价值和意义,以及在自身和时代之间建构起紧密的关联,进而积极寻求自身获得和服务社会之间的平衡。

除此之外,思想政治教育未来的演变趋势,就是需要充分利用网络科学技术赋能思想政治教育,积极利用现代技术成果,将无形的、看不见的思想变动和情感演化过程可视化，捕捉高校大学生内心需求和情感波动并成为高校大学生的"思想画像"。这是复杂时代和高校大学生复杂心态背景下优化工作方式提升工作质量的重要依据。同时在评价机制方向积极努力，促进思想政治教育的自我革新。

　　总之，从网络参与的视角研究网络思想政治教育获得感，是一个有意义、有潜力、有未来的方向，是网络思想政治教育延展和深化的重要依托。作者将在既有研究基础上，不断深入，今后将投之以更大精力，努力拓展研究空间。